AF366062

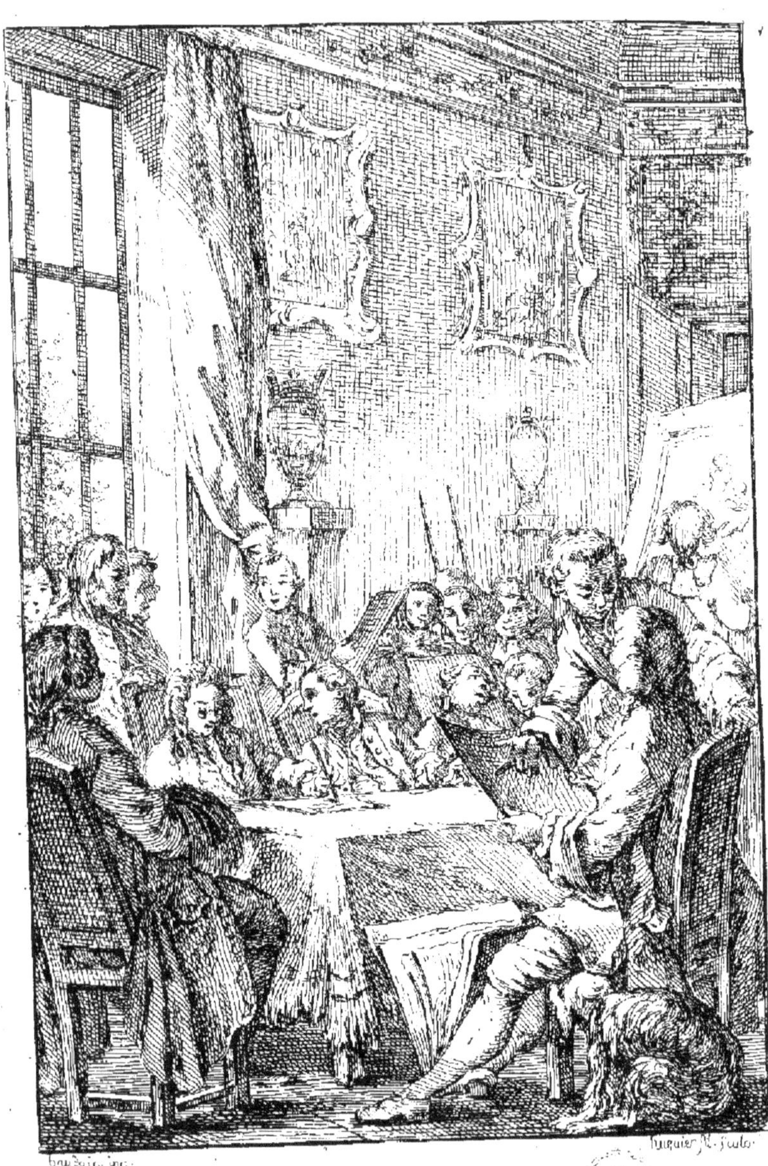

CATALOGUE

DES ESTAMPES,

DESSEINS, TABLEAUX,

COQUILLES,

ECHANTILLONS D'AGATHES, JASPES,

Cailloux, Marbres & autres Curiosités,

Qui composent le Cabinet de feu M. BROCHANT, Ecuyer, Conseiller - Sécretaire du Roi Honoraire Maison & Couronne de France & de ses Finances, Notaire Honoraire au Châtelet, ci - devant Trésorier - Payeur des Gages de Messieurs les Officiers de la Cour des Aydes, Ancien Administrateur de l'Hôtel - Dieu.

Par J. B. GLOMY.

Ce Catalogue se distribue Maison de feu M. BROCHANT, chez le Portier, Isle S. Louis, Quai Dauphin, au coin de la rue Poulletier ;
Et chez le Sieur GLOMY, rue Basse porte S. Denis, dans le Cul-de-Sac S. Laurent, la seconde porte à gauche.

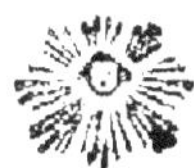

A PARIS.

De l'Imprimerie de L. F. DELATOUR.

M. DCC. LXXIV.

Avec Approbation & Permission.

AVERTISSEMENT.

EN donnant aux Amateurs ce Catalogue du Cabinet de feu M. BROCHANT , puis-je me difpenfer de témoigner mes juftes regrets de la perte que je viens de faire d'un homme refpectable , qui m'a honoré de fa confiance près de vingt-cinq ans , & jufqu'à la fin de fa vie ? Cet avantage qui m'a procuré les moyens de le connoître particulierement , m'a fait fentir qu'en lui l'homme de bien l'emportoit encore fur l'homme de goût. Que ne m'eft-il permis de m'étendre davantage fur un Eloge que la reconnoiffance fembleroit devoir me dicter? Mais on impofe un frein à mon zèle , comme fi la modeftie dont M. Brochant faifoit profeffion devoit encore me réduire au filence. Je me bornerai donc fimplement à rendre compte au Public , des Morceaux précieux qui font l'objet de ce Catalogue.

Quoique notre Collection soit bien moins considérable qu'elle n'étoit autrefois, elle mérite encore cependant toute l'attention des Connoisseurs, & des Amateurs les plus difficiles. M. Brochant, guidé par un goût éclairé, s'étoit formé par succession de temps, un Cabinet considérable, composé de Desseins & d'Estampes des plus grands Maîtres des trois Ecoles, qu'il augmentoit dans toutes les occasions où il pouvoit se procurer des morceaux distingués ; se flattant peut-être, de jouir un jour dans le repos des trésors de l'Art, qu'il n'avoit que le temps d'amasser au milieu des occupations de son état. Il ne pensoit pas alors, que dans quelque position qu'il fût, son zèle pour le service du Public, l'emporteroit toujours sur son goût pour les belles choses. Quelque vif que fût en lui ce goût, il sentit enfin qu'il ne lui seroit jamais poſſible de s'y livrer tout entier ; c'eſt ce qui le détermina de ſe défaire de tous ſes Deſſeins, & de la plus grande partie de ſes Eſtampes, qui tous étoient du plus beau choix, ne réſervant de ces dernieres qu'un petit nombre des plus capitales ; mais que ne peut l'amour des beaux Arts ! M. Brochant, ſans jamais en être dominé, en fut toujours épris : chaque occaſion de Ventes de Cabinets célèbres, réveilloit en lui un goût trop naturel, pour qu'il pût jamais ſe perdre. Il acquit de nouveau différentes Pieces du premier mérite, qui augmenterent inſenſiblement la Collection d'Eſtampes qu'il s'étoit réſervée, & qui redevint ainſi aſſez conſidérable. Il choiſit entre-autres les morceaux les plus renommés d'un Recueil que M. Buldet, M^d. d'Eſtampes, venoit d'acheter d'un Curieux connu pour avoir ramaſſé avec ſoin ce qu'il y a de plus précieux en ce genre. Le

Cabinet de M. Brochant, tel qu'il est aujourd'hui, renferme donc encore presque tous les morceaux les plus estimés des Connoisseurs; ce sont les Chefs-d'œuvre des Marc-Antoine, des Caraches, des Rubens, des Vandick, des Wischer, des Rembrandt, enfin de tous les Maîtres qui se sont le plus distingués dans la Peinture & dans la Gravure. En faisant l'éloge de cette Collection, je n'avance rien qui ne soit dans la plus exacte vérité : on n'est que trop souvent forcé dans quelques Ventes, pour satisfaire les Intéressés, d'exagérer le mérite de certains morceaux : j'ai toujours eu une extrême répugnance à me prêter à cette complaisance : quelle satisfaction n'est-ce donc pas pour moi de trouver ici des personnes, qui bien loin d'exiger rien qui puisse blesser la sincérité, m'ont au contraire expressément prescrit d'être simple dans mes éloges. Pour évi-

ter même de fatiguer les Lecteurs
par la répétition trop fréquente des
termes ordinaires d'épreuves parfaites, d'épreuves de la plus grande beauté, & autres expressions
qui conviendroient à presque toutes les Estampes de cette Collection; je préviens les Amateurs,
que tous les morceaux que je mets
seuls, ou en petit nombre, dans
mes Articles, à l'exception des suites qu'on ne peut diviser, sont
de la plus grande perfection qu'il
soit possible de désirer. J'aurai
soin seulement d'avertir de ce qui,
dans certaines Estampes, distingue
les premieres Epreuves des ordinaires : cependant j'ai cru devoir
risquer quelques réflexions, & en-
trer dans de certains détails au sujet
de plusieurs Pieces qui m'ont paru
le demander, afin de rendre ce
Catalogue de quelque utilité aux
personnes qui ne sont pas encore
bien versées dans la connoissance
des Estampes ; cela est devenu mê-

me indifpenfable, pour quelques
Deffeins du plus grand mérite qui
fe trouvent encore dans notre Collection, & dont on ne fauroit avoir
la même idée que celle des Eftampes qui fe trouvent dans plufieurs
Cabinets, & qu'il fuffit de nom-
mer aux Connoiffeurs.

Je crois devoir dire encore un
mot aux Amateurs au fujet de
nos Eftampes ; elles font en grande
partie collées proprement fur du
papier d'Hollande cartonné. Les
principales font ajuftées avec filets
dorés & lignes au pourtour ; M.
Brochant trouvoit que cet orne-
ment donnoit quelque relief aux
Eftampes, & les rendoit plus bril-
lantes par l'oppofition du noir avec
le beau blanc du papier d'Hollande, & qu'elles en étoient plus ma-
niables ; il nous employa feu M.
Helle & moi à cet ajuftement,
auquel nous avons mis toute l'attention & le foin dont nous pouvions
être capables: cependant fi quelques

Amateurs n'approuvoient pas cet arrangement, il leur seroit très-facile de les décoller en les jettant dans l'eau, ce qui bien loin de nuire aux Estampes, ne leur donne que plus de brillant; le premier Marchand d'Estampes pourra leur faire cette opération sans beaucoup de frais; mais comme il seroit dangereux de la faire à des Estampes dont le papier auroit un peu souffert, j'ai eu soin d'indiquer celles qui se trouvent dans ce cas, & qui sont en très-petit nombre.

A la suite du Catalogue des Estampes, se trouve celui des Coquilles & autres morceaux d'Histoire Naturelle, dont la Collection avoit été commencée depuis long-temps par M. Brochant, à l'occasion de la vente que M. Gersaint fit des Coquilles du Cabinet de M. Sevin. Cet Amateur connu dans son temps par son goût fin & délicat, n'admettoit dans les Collections qu'il faisoit en

différents genres , que des morceaux parfaits dans toutes leurs
parties ; le moindre petit défaut qui s'y pouvoit rencontrer,
fuffifoit pour les lui faire rejetter ,
quelque beaux qu'ils fuffent d'ail-
leurs. En effet , à l'égard des Coquilles , il n'y a que leur parfaite
confervation qui puiffe les faire
defirer à un véritable Connoiffeur,
qui forme fa Collection en Amateur
du beau, plûtôt qu'en Naturalifte à
qui il fuffit d'avoir les efpeces fans
s'embarraffer de la condition. Notre Collection s'eft fucceffivement
augmentée à plufieurs Ventes, particulierement à celle qui fe fit il y
a quelques années du Cabinet de
M. le Marquis de B... qui ayant
fait une affez longue réfidence en
Hollande , qu'on peut regarder
comme le grand magafin de ce
genre de curiofité, s'étoit trouvé
à portée de fe procurer les morceaux les plus recherchés. Comme M. Brochant ne s'attachoit

qu'à ceux qui étoient agréables, il étoit parvenu à se faire un choix aussi gracieux qu'il soit possible de le désirer : il y en a qui ne sont pas moins piquants par leurs rareté, que par la beauté de leurs formes & le brillant de leurs couleurs ; ainsi les Amateurs trouveront à cette Vente de quoi orner leurs Collections de ces pieces charmantes que les plus indifférents ne peuvent s'empêcher d'admirer. J'ai eu soin de mettre les morceaux par pendants autant qu'il m'a été possible, m'étant apperçu que c'étoit le goût le plus général. Les Coquilles sont accompagnées d'une suite assez considérable d'Echantillons d'Agathes, Jaspes, Marbres antiques & d'Italie, & autres objets de ce genre, parmi lesquels on trouvera des pieces toutes taillées propres à faire des Boëtes.

N. B. On donnera, suivant l'usage, la facilité aux Amateurs de venir voir les principales Estampes, trois jours avant la Vente, à l'exception du Dimanche qui la précédera immédiatement ; ils pourront aussi chaque jour de vente, examiner le matin, depuis neuf heures jusqu'à midi, les objets qui seront vendus dans la Vacation, afin qu'ils puissent donner leurs enchères avec confiance. On montrera pareillement le matin, les Coquilles qui seront vendues dans la Vacation du jour, n'étant pas possible de montrer la totalité, à cause de la petitesse du lieu où elles sont renfermées, & de la disposition de l'apartement. Si quelques Amateurs souhaitoient qu'on leur séparât quelques morceaux qui se trouveront réunis dans un même lot, soit dans les Estampes, soit dans les Coquilles, on leur accordera cette facilité, lors de la vente de ces articles, si cela se trouve possible.

Cette Vente se fera le Lundi 7 Mars, trois heures de relevée, & jours suivants, dans la maison de feu M. Brochant, Isle Saint Louis, Quai Dauphin, au coin de la rue Poulletier.

NOTICE
DES CATALOGUES

Composés par J. B. Glomy, pour les Ventes qu'il a faites, seul & en Société.

N. B. Je marque d'une Aftérifque ceux dont il ne me reste plus d'exemplaires.

* 1. CATALOGUE des Tableaux, Desseins & Estampes de feu M. Gersaint, 1750.

* 2. Catalogue de Rembrandt, de feu M. Gersaint, mis au jour avec les augmentations néceffaires, par les Sieurs Helle & Glomy, 1751.

3. Catalogue de diverses Curiofités, Portraits en émail de Petitot, & autres, du Cabinet de M. Cotin, 1752.

* 4. Catalogue des Tableaux, Desseins, Estampes & autres Curiofités du Cabinet de feu Mgr. le Duc de Tallard, 1756.

5. Catalogue des Tableaux, Desseins & Estampes du Cabinet de feu M. Potier, Avocat au Parlement, 1757.

— 6. Catalogue du Cabinet d'Histoire naturelle, Tableaux, Desseins & Estampes de feu M. Babault, 1763.

7. Catalogue du Cabinet d'Histoire naturelle , Médailles & autres Curiosités de feu M. Bailly , ancien Garde
du Corps des Marchands Apoticai-
res-Epiciers, & ancien Consul, 1766.

8. Catalogue d'une collection de Tableaux, Desseins & Estampes , pour
servir de suite à celui de M. Bailly ,
1767.

9. Catalogue des Tableaux , Desseins ,
Estampes & autres Curiosités du Cabinet de feu M. Bailly de la Tour ,
1767.

10. Catalogue d'une Collection choisie
de Madrepores , Coquilles & autres
Curiosités du Cabinet de M... 1767.

11. Catalogue des Estampes, Tableaux,
Bronzes , Porcelaines & autres Curiosités du Cabinet de M. R.... 1769.

12. Catalogue du Cabinet d'Histoire
naturelle de M.... 1769.

13. Catalogue d'une Collection choisie
de Minéraux & autres Curiosités ,
1770.

14. Catalogue des Estampes , Desseins,
Tableaux , Coquilles & Echantillons
de Jaspes , &c. du Cabinet de feu M.
Brochant, Ecuyer, Conseiller-Secré-
taire du Roi Honoraire , Maison
& Couronne de France & de ses Finances , &c. 1774.

CATALOGUE
DES ESTAMPES

DES PLUS GRANDS MAITRES

DES TROIS ECOLES,

Qui compofent le Cabinet de feu M. BROCHANT.

ECOLE D'ITALIE.

RAPHAEL.

N°. 1. DAVID coupant la tête de Goliath, après l'avoir terraffé d'un coup de fronde, gravé par Marc Antoine. Cette Epreuve, quoique très-belle, eft un peu fatiguée & ne veut point être décollée.

2. La Madeleine aux pieds de N. S. chez le Pharifien, & la Vierge conduifant une fainte Fille devant N. S. qui paroît affis au-deffus de plufieurs marches, à la porte du Temple ; fujet

A

allégorique qui n'a jamais été bien connu. Ces deux morceaux de M. Antoine font très-bien conditionnés, ainſi que les ſuivants.

3. La Cêne, piece capitale du même M. Antoine, d'après Raphaël.

4. S. Paul, prêchant dans Athènes ; idem.

5. Sainte Cécile ; Epreuve appellée au collier, très - improprement, car cette Sainte n'a point de collier ; mais l'ombre qui eſt au-deſſous du menton, étant un peu trop forte, cela forme, au premier coup-d'œil, une eſpece de collier : dans les épreuves médiocres, cette ombre étant moins pouſſée au noir, ce défaut (car c'en eſt un de la gravure) y eſt moins ſenſible ; celle-ci eſt très-marquée, telle que le demandent les connoiſſeurs.

6. Les Cinq Saints, par les mêmes.

7. La Transfiguration de Raphaël, gravée par Dorigny ; & la Deſcente de Croix de Daniel de Volterre, par le même.

8. Trois Eſtampes, gravées par Poilly, dont la Sainte-Famille, où Jeſus, enfant, careſſe S. Jean ; une autre Vierge, & S. Jérôme écrivant,

LES CARACHES.

9. Saint François stigmatisé, composé & gravé par Augustin Carache.

10. Le grand Crucifiement, d'après le Tintoret, en trois pieces assemblées, d'Augustin Carache.

11. L'Apparition de la Vierge à S. Jérôme, gravée par le même, d'après le Tintoret.

12. Quatre Estampes des Caraches ; S. François agonisant, pendant qu'un Ange, dans une gloire, joue du violon; composition de Vanius, gravée par Augustin : un Petit S. François assis ; le Couronnement d'épines, & la Vierge à l'écuelle : eaux-fortes d'Annibal.

13. Cinq pieces d'après Annibal Carache ; le Silence d'Hainselman ; la Mort de S. François, de Gerard Audran ; la Vierge de douleur, de Roullet, & une Vierge d'après le Guide, par Boulanger.

13. *bis.* Le Martyre de deux Apôtres, dont un est près d'avoir la tête tranchée : on voit à ses pieds deux clefs, ce qui caractériseroit S. Pierre ; cependant ce Saint Apôtre fut crucifié

la tête en bas. Cette compofition eft gravée & compofée par le Parméfan : on y a joint une Cêne de Forliveta-nus, gravée par Corn. Cort.

14. La Sainte - Famille du Parméfan, gravée par Corneille Bloemaert.

15. Saint Pierre reffufcitant Thabite, du même Bloemaert, d'après le Guer-chin.

16. L'Annonciation , gravée par le Baroche.

17. Le S. François en extafe , auquel J. C. apparoît ; très-favante compo-fition à l'eau-forte , ainfi que la pré-cédente , par le Baroche.

18. Les huit grands Payfages , dans lefquels fe voyent des Pénitents , gra-vés par Cor. Cort. d'après le Mucien. Trois de ces épreuves font avant le melon , qui étoit l'enfeigne de Boni-facio Breggi , Marchand d'Eftampes à Rome.

19. Les Difciples d'Emaüs , d'après le Titien , par Maffon : Eftampe la plus recommandable de ce Maître.

20. Les Noces de Cana , grand mor-ceau , d'après Paul Véronefe , en trois feuilles affemblées, gravées par Saen-redam.

21. Six Eftampes de Sadeler , d'après

le Baſſan ; ſavoir , l'Arrivée de Jacob
en Méſopotamie, l'Annonciation aux
Bergers , les Trois Sujets connus
ſous le nom des Trois Cuiſines , dans
leſquels on voit les Diſciples d'Emaüs,
le Lazare à la porte du mauvais Riche,
& Marthe & Marie recevant N. S.
dans leur maiſon ; la ſixieme piece eſt
la Laitiere.

22. Le Départ de Jacob & ſon arrivée en Méſopotamie , gravés par
Corneille Wiſcher, d'après le Baſſan ;
cette derniere eſt la même compoſition que celle de l'article précédent,
gravée par Sadeler.

23. Les Quatre plus beaux morceaux
gravés à l'eau - forte par Biſcaino ;
ſavoir , la Nativité , Moyſe ſauvé ,
& deux Vierges. Les gravures de ce
Peintre Génois ſont auſſi agréables
que ſes deſſeins.

24. Six pieces choiſies de Salvator-
Roſa , qui ſont une Allégorie au
Génie de ce Maître , Démocrite mé-
ditant au milieu des tombeaux , Apel-
le faiſant connoître à Alexandre ſon
peu de goût en Peinture , & lui montrant de la main ſes Eleves , qui rient
des jugements qu'il fait d'un de ſes
Tableaux , &c.

25. Quatre Estampes de Spierre, d'après Bernin ; savoir, la Chaire S. Pierre, le Crucifix sur les eaux, & les deux titres des Sermons du Pere Oliva.

26. La Bataille d'Arbelle, par Aquila ; l'Enlevement des Sabines, du même ; le Missel Romain, l'Immaculée Conception, &c. gravés par Spierre, d'après Pietre de Cortonne ; en tout sept pieces.

27. Quatre pieces, d'après Cirofer, la Thèse dédiée au Pape Innocent XI, celle à l'Evêque de Paderborn, par Spierre ; S. Philippe de Néri, par Carle de la Haye, & le Frappement du Rocher, par Aquila.

28. Cinq Estampes ; savoir, Rebecca, par Auden-Aerd, d'après Carle Maratte ; une Sainte-Famille, d'après le même, par Frey ; un Repos en Egypte, d'après le Baroche ; le Denier de César, du Valentin ; & un S. Jérôme, de Goltzius, d'après Jac. Palme.

29. Sept morceaux en hauteur ; sçavoir, S. Sébastien, du Dominicain ; Sainte Petronille, du Guerchin ; la Barque de S. Pierre, de Lanfranc ; S. Pierre & S. Jean, guérissant un Paralytique

à la porte du Temple : ces quatre
Eſtampes, gravées par Dorigny ; S.
François de Paule, guériſſant un En-
fant aveugle, d'après Bonaventure
Lamberti ; le Scapulaire des Carmes,
de Sébaſtien Conca, & S. Philippe de
Néri, du même ; ces trois ſont gravés
par Frey.

ETIENNE LA BELLE.

30. Le Repoſoir, inventé par B. D.
Amico, pour M. Tubeuf, Intendant
de la Reine, &c. & le Catafalque du
Grand-Duc, d'après Alphonſe Parigi.
31. Les douze Payſages, dédiés au
Duc d'Anguien, & les douze plus
petits de P. Mariette.
32. Les ſix grands Payſages en hauteur, dans l'un deſquels eſt le Vaſe de
Médicis, quatre petits Payſages &
une copie de l'un des grands, faiſant
onze pieces, ajuſtées ſur ſept feuilles.
33. Les Caprices, en treize morceaux ;
les quatre Saiſons, & les quatre Eléments ; vingt - une pieces ſur deux
feuilles.
34. Vingt - neuf Payſages, Sujets &
Animaux, de forme ronde.
35. Les Cavaliers Polonois, de forme

ronde , en huit pieces , dont quatre rares , du Cabinet du Grand-Duc.

36. L'Entrée des Ambassadeurs Polonois à Rome , en six pieces , sur trois feuilles.

37. Les Jeux de la Géographie , en cinquante-deux pieces , inventés par Defmarets , par ordre du Cardinal de Richelieu pour l'instruction du Roi Louis XIV , alors Dauphin : il y a encore les Jeux des Rois de France , des Reines renommées , & des Fables qui nous manquent.

38. La grande Vue de Paris , prise du Pont - Neuf , premiere épreuve , avant la girouette qui a été ajoutée depuis au clocher de Saint Germain-l'Auxerrois.

39. Les Aigles , en six pieces , les Têtes de Lions , de Chameaux , &c. aussi en six pieces , & les Philosophes au pied de la montagne de l'Olympe ; treize pieces , sur trois feuilles.

40. Les Payfages Maritimes , sept pieces, & les divers Embarquements, sur deux feuilles.

41. Deux suites de Payfages & Marines ; celle dédiée au sieur Tomazo-Guidoni , en huit pieces , & celle intitulée : *Varie figure* , en huit pieces.

42. La suite des Marines, dédiée au Prince Laurent de Toscane, en huit pieces, & les Sujets de Guerre, au Marquis de Maulévrier, sept pieces.

43. Conduites de Troupes, dédiées au Comte de la Roche-Guyon; jolie suite en douze pieces, & les caprices Militaires, en six.

44. Deux Suites, faisant trente-deux piéces, sur deux feuilles; l'Exercice de la Cavalerie, dix-neuf pieces; & les pieces nécessaires à la Fortification, treize pieces.

45. Les Siéges de la Belle; savoir, S. Omer, Porto-Longone, Piombino, la Rochelle & Arras, cinq pieces.

46. Le Grand Carrousel, en quatorze pieces, y compris le Ballet des Postures, la Montagne d'Eole, & une Renommée.

47. Le S. Prosper.

ECOLE ALLEMANDE
ET FLAMANDE.

48. Le Saint Hubert, d'Albert Durer; ce morceau est un des principaux de ce Maître.

49. Saint Jérôme, lisant dans sa

chambre, par Albert Durer; & sa copie très-bien imitée, par Goltzius; & le jeune David portant la tête de Goliath au bout d'un sabre, par Lucas de Leide.

49. *bis.* Vingt - huit morceaux d'Albert Durer, Lucas, Hisbens, & autres petits Maîtres, dont le S. Jérôme, de Lucas, le Cheval - Blanc d'Albert Durer, & une Vierge du même, &c.

50. Trois piéces d'Abraham Bloemaert, gravées par Saenredam; savoir, l'Enfant Prodigue, grande Estampe en largeur.

Ce sujet est traité de la plus grande maniere pour la partie du Paysage, qui est orné de fabriques de composition très - pittoresque. Les deux autres, traitées dans le même goût, représentent la veuve de Sarepta, & Agar renvoyée par Abraham, dont la forme est plus petite que la premiere.

51. Les quatre Sujets du Prophete Elie, gravés par Saenredam, d'après Abraham Bloemaert.

52. Jesus-Christ chargé d'une pesante Croix, qui apparoît à S. Ignace de Loyola.

Ribadéneira, Auteur de sa vie, &
l'un de ses premiers compagnons, rap-
porte qu'il eut cette vision dans une
petite Chapelle ruinée, auprès de
Rome, lorsqu'il y alloit pour solliciter
auprès du Pape l'établissement de sa
Compagnie : il étoit accompagné de
deux de ses Disciples, qu'il fit demeu-
rer hors de la Chapelle ; après y être
resté quelque-tems il reprit avec eux
le chemin de Rome, & leur dit, que
J. C. lui étoit apparu, en l'exhortant
d'avoir bon courage & qu'il leur seroit
propice à Rome. *Ego vobis Romæ
propitius ero.*

Ce morceau est gravée par Corneille Bloemaert, d'après Abraham
Bloemaert, dont le tableau est dans
l'Eglise des Jésuites de Bois-le-Duc.

53. Le Chien de Goltzius. Cette Estampe représente le Fils de Théo-
dore Frisio, Peintre Allemand, éta-
bli à Venise : ce jeune homme, qui
pour lors étoit chez Goltzius, y est
dépeint voulant monter sur un gros
chien, comme sur un cheval, il tient
un oiseau sur son poing ; le Graveur a
dédié ce morceau au pere du jeune
homme. On y a joint une petite copie
assez jolie de cette fameuse Estampe,

& deux Portraits , dont Françoise d'Egmond.

54. Deux Portraits rares de Goltzius , tous deux avec lettres & fans lettres, l'un repréfente un Général en habit de guerre, & l'autre fon époufe : on lit autour de l'ovale qui les contient deux infcriptions à leur louange , commençant par ces mots : *Leges tueri* , &c. pour le mari ; & pour la femme, *fequi parata* , &c.

55. Six Portraits de Goltzius , dont celui d'Henri IV , petit ovale rare , les deux Scaliger , &c.

56. Seize morceaux de Goltzius ; favoir, treize petits Portraits ovales, prefque tous rares , principalement trois qui ont été gravés fur argent pour être montés comme des miniatures : on les reconnoît à l'écriture qui eft autour, qui paroît à rebours fur l'Eftampe, ce qui feroit croire à ceux qui ne font pas inftruits , que ce feroit des contre-épreuves. Ces morceaux font extrémement fins & eftimés des connoiffeurs : les autres font le petit Portrait ovale d'Henri IV , & deux Vierges.

57. Les douze Mois de l'année , en

douze feuilles , par Sadeler , avec le
titre qui n'eſt point collé.

58. Quinze Portraits de Sadeler , dont
pluſieurs rares ; Georges Schroh ,
Marquardus & autres.

59. Huit beaux Portraits de Sadeler,
dont l'Evêque de Vienne ; le Portrait
de femme , d'après le Titien ; Sigiſmond Batori, Prince de Tranſilvanie ;
le Comte Sigiſmond Forgach , Sei-
gneur Polonois ; Melchior Pyrneri
de Pyrn , Evéque , &c.

60. Deux Portraits de Muller , Chriſ-
tian IV , Roi de Dannemarck , &
Maurice , Prince d'Orange.

61. L'Antre de Platon , par Saenredam ; une Charité , par Sadeler ; un
Payſage , du même , & deux gravés
par Paul Brill.

R U B É N S.

62. La grande Elévation de Croix , en
trois feuilles aſſemblées , gravées par
Henri Withouc.

63. L'Adoration des Rois , gravée
par Lucas Voſterman , où ſe voit
l'Enfant Jeſus qui prend des pieces
d'or dans la coupe d'un des Rois.

64. Le Portement de Croix, gravé par P. Pontius.

65. La Pentecôte, par P. Pontius.

66. La Converfion de Saint Paul, & une Chaffe aux Lions qui peut fervir de pendant, par Schelt A. Bolfwert.

67. La grande Adoration des Rois, en deux feuilles affemblées, par L. Vofterman.

68. Autre Adoration des Rois, par N. Rickmans, & Sainte Anne, par S. A. Bolfwert, édition de Vanden-Enden.

69. La Préfentation au Temple, premiere épreuve avant la lettre, retouchée par Rubens.

70. La Sainte-Famille à l'Oifeau, ainfi nommée à caufe d'un petit oifeau attaché à un fil, que l'Enfant Jefus & Saint Jean font voler, gravée par S. A. Bolfwert.

71. La Vierge au Mouton, où l'Enfant Jefus eft repréfenté careffant un Mouton, par S. A. Bolfwert, édition de Vanden-Enden.

72. La Vierge au Perroquet. On y voit un Perroquet qui mord un cep de vigne, par S. A. Bolfwert; & un Retour d'Egypte, par le même.

73. La Madeleine aux pieds de N. S.

chez le Pharifien, par Natalis.

74. Le Denier de Céfar, & le Denier trouvé dans un poiffon, par Vofterman.

75. La Pêche miraculeufe, en trois parties affemblées, par S. A. Bolfwert.

76. Hérodiade qui préfente la tête de Saint Jean à fa mere, gravée par S. A. Bolfwert.

77. La Réfurrection du Lazare, par Boëce A. Bolfwert.

78. La Cêne, par B. A. Bolfwert.

79. Le Chrift en croix, percé d'une lance entre les deux Larrons.

80. L'Affomption de la Vierge, par H. Witdouc, grande piece dont les deux coins d'en haut font à pans coupés.

81. Autre Affomption, par S. A. Bolfwert, dont les angles font quarrés.

82. Autre Affomption ceintrée par le haut.

83. Le même fujet gravé par S. A. Bolfwert, ceintré par en haut.

    Ces quatre morceaux font d'une compofition admirable & tous variés.

84. Le Martyre de Saint Laurent & Saint François ftigmatifé, par Lucas Vofterman. Le Saint Laurent eft dif-

ficile à trouver beau d'épreuve comme celui-ci.

85. Tomyris laiſſant plonger la tête
de Cyrus dans un vaſe plein de ſang,
gravée par P. Pontius.

86. La Chaſſe de Mélangre & Atha-
lante. Cette Eſtampe eſt un peu fatiguée par le milieu & raccommodée
par les coins d'en bas, cependant
très-belle épreuve.

87. Les ſix grands Payſages de Rubens,
par différents Graveurs, auxquels on
a joint une grande fête de Nicolas de Bruyne, d'après Vinckboens.

88. Douze des plus beaux Payſages
choiſis dans la ſuite des vingt, avec
les deux, gravés par Van-Uden.

89. Trois Eſtampes de Rubens & Van-
dick, de l'édition de M. Huquier;
ſçavoir, l'Enfant Jeſus jouant avec
un Mouton; le Retour d'Egypte, &
une Sainte Famille, imprimées ſur
du ſatin. Il y en a quatre épreuves de
chacune dont on fera quatre articles.

ANTOINE VANDICK.

90. La Vierge aux Anges, gravée
par S. A. Bolſwert, de l'édition de
Vanden-Enden.

91. Sainte Famille, où l'Enfant Jesus est représenté dormant sur le sein
de sa mere, gravé par S. A. Bolswert.

92. Sainte Famille, dans laquelle un
Ange fait une couronne de fleurs,
par S. A. Bolswert; & le Christ cou-
ronné d'épines, gravé par Van-dick.

93. Le Couronnement d'Epines, gravé
par S. A. Bolswert : ce morceau qui
est le capital de Van-dick, est très-
difficile à trouver d'une épreuve aussi
belle que celui-ci.

94. Le grand Crucifix entre Sainte Catherine de Sienne & Saint Dominique.
Ce morceau a toujours été regardé
comme un des plus rares de Vandick.

95. Deux Epreuves différentes du
Christ en croix, auquel on présen-
te une éponge; la Vierge & Saint
Jean sont au bas. La premiere de ces
épreuves qui est fort rare, représente
Saint Jean posant sa main gauche sur
l'épaule de la Vierge. Cette attitude,
qui avec raison a été trouvée peu
respectueuse, a engagé le Graveur à
supprimer cette main dans les épreuves ordinaires.

96. Jesus - Christ mort, posé sur les
genoux de la Vierge, gravé par Lu-

cas Vosterman , épreuve avant l'a-
dresse de Bonenfant.

96 *bis*. Saint François de Paule , gravé
en maniere noire, par Ardell ; épreuve avant la Lettre.

97. Mercure qui se prépare à couper
la tête d'Argus pendant qu'il dort ; &
Pan jouant de la flute en gardant ses
troupeaux , d'après Jacques Jordaens ,
par S. A. Bolswert ; premieres
épreuves avant le nom de Bloeteling.

98. Jesus-Christ en croix ; dans le bas
la Vierge & Saint Jean sont debout
aux deux côtés de la croix , d'après
Jordaens , par S. A. Bolswert, premiere épreuve : on y a joint une Vierge de Crayer , & une Sainte - Famille de Vandick , par S. A. Bolswert.

99. Le Reniement de Saint Pierre, &
la Tabagie, d'après Gérard Segers ,
par S. A. Bolswert & Nicolas Lau-
wers.

CORNEILLE ET JEAN WISCHER.

100. La Mort - aux-Rats , le Négre, le
Chat , & la petite Souriciere.

101. Le Vielleur, d'après Oftade, chef-d'œuvre de gravure.

102. La Fricaffeufe, ou plutôt la Faifeufe de Kouks, forte de pâtifferie en ufage dans la Hollande : ce célèbre morceau eft de la premiere épreuve avant le nom de Clément de Jonghe. On fait qu'il y a quatre Epreuves de ce morceau ; celle-ci, celle avec le nom de Clément de Jonghe dont on trouve quelquefois d'affez bonnes épreuves ; celle avec le nom de Nicolas Wifcher, qui ne mérite aucune confidération : la derniere qui eft fans nom comme la premiere, a été affez bien retouchée par M. Bafan, pour tromper ceux qui ne font pas affez connoiffeurs.

103. La grande Tabagie, d'après Oftade.

104. Le Portrait de l'Homme au piftolet ; c'eft le nom que l'on donne au portrait d'André Deonyfzoon Winius, Commiffaire d'Artillerie du Grand-Duc de Mofcovie ; c'eft le plus rare des portraits de Corneille Wifcher.

105. Les Portraits de Bouma & de Guillaume de Ryck, appellé la gran-

de Barbe quarrée ; épreuve avec l'oreille blanche.

106. Vondélius , Poëte Hollandois, premiere & feconde épreuves. A l'une le nom de Corneille Wifcher eft écrit fur un papier attaché contre une tablette de Livres ; à la feconde, le nom de Wifcher eft à la marge , & fur le papier eft une petite tête : il y a encore quelques petits changemens ; la figure accompagnée d'un petit Génie qui eft pofé fur une petite Bibliothèque repréfente la Poéfie & non pas la Religion comme M. Hecquet l'a marqué dans fon Catalogue de Wifcher.

107. Le Portrait de Copenol , avant & avec la lettre : c'étoit un fameux Maître à écrire d'Amfterdam.

108. Trois pieces d'après Bamboche ; le Four à chaux , le coup de Piftolet , & l'embufcade des Huffards , auffi nommé le *Coche volé*. Toutes ces Epreuves font avant le nom de Wifcher.

109. Six morceaux d'après Oftade , gravés par Jean Wifcher; le Devideur , fans lettres & avec lettres ; la Guinguette, où fe voit un Payfan qui danfe avec une Payfanne au fon du hautbois , avec lettres & fans

lettres ; & deux Tabagies, dont une ceintrée par le haut.

110. Six Paysages & Animaux, d'après Berchem, Epreuves sans lettre.

111. Quatre Feuilles d'Animaux gravés, par N. Berchem ; on trouve dans la gravure de ces pieces le même esprit que cet habile Maître mettoit dans ses desseins.

112. Les quatre Heures du Jour, d'après Berchem, par J. Wischer.

113. Quatre Paysages & Animaux, par les mêmes.

114. Cinq morceaux, d'après Wouverman, par Jean Wischer, qu'il a rendus avec le même esprit que son frere Corneille.

115. Sept Estampes, gravées par Nicolas Berchem, dont une suite d'Animaux en six feuilles ; article intéressant pour les Artistes & les Connoisseurs.

116. Les quatre Portraits, gravés au maillet, par J. Lutma ; savoir celui de son Pere, le sien, Vondélius, & P. C. Hooft, Historien Hollandois: ces quatre morceaux singuliers par le mécanisme de la gravure, sont très-recherchés, sur-tout lorsque les Epreuves en sont aussi belles que cel-

les-ci. Cette espece de gravure a sans doute fourni la premiere idée de celle qui est en usage aujourd'hui pour imiter la touche du crayon, & que M. Desmarteaux a portée à sa plus grande perfection.

117. Les quatre Bourguemestres d'Amsterdam, gravés par Suyder-Hoëf, d'après T. Keyser : Estampe très-estimée des Amateurs & difficile à trouver d'une belle épreuve ; elle représente quatre Bourguemestres d'Amsterdam assis autour d'une Table, auxquels un Officier des Etats vient annoncer l'arrivée de la Reine Marie de Médicis, lorsqu'elle se retira de France sous le regne de Louis XIII.

118. Deux Portraits de Suyder-Hoëf ; savoir, l'Ecrivain, le Médecin Sylvius, par Corn. Van-Dulen, & l'Homme à cheval, d'après Wouverman, par Bloeteling.

REMBRANDT VAN-RHIN.

J'ai marqué aux principales Estampes le n°. du Catalogue de Rembrandt, fait par Gersaint, & la page du Supplément.

119. Le Christ présenté au Peuple, & la

Defcente de Croix, premieres Epreuves, avant l'adreffe de *Hendrickus-
Ulenburgenfis* : l'*Ecce Homo* eft avant
l'ombre ajoutée à la tête de l'homme qui avance la main gauche vers
Pilate, nos. 83 & 84 du Catalogue
de Rembrandt, & du Suplément no.
39.

120. L'Annonciation aux Bergers ;
morceau du plus grand effet, nᵒ. 43,
& du Suppl. 21.

121. La Piece de cent Florins, premiere Epreuve, avec le coup de lumiere
qui eft vers le haut de l'Éſtampe. On
affure que Rembrandt vendoit ce
morceau effectivement 100 florins :
on y voit N. S. à qui on amene plufieurs malades pour être guéris. Il eft
très-difficile de le trouver d'une
épreuve bien vigoureufe : n°. 75, &
du Suppl. pag 28.

122. La Réfurrection du Lazare,
piece ceintrée par le haut, dont
l'effet eft extrêmement piquant, n°.
74.

123. Six Eftampes, la petite Tombe,
premiere épreuve avec de la maniere
noire, le Mardochée, l'Agonie de N.
S. l'Enfant prodigue & le petit Orfé-
vre, nos. 39, 41, 66, 70, 78 & 119.

124. Notre-Seigneur chaſſant les Vendeurs du Temple , & les Mendiants à la porte d'une maiſon , nos. 69 & 170.

125. La Mort de la Vierge , premiere épreuve avant la retouche faite par Rembrandt , qui ſe remarque particulierement à la colonne du lit où l'on voit des tailles ajoutées tranſverſalement : nº. 97.

126. Douze Pieces, dont les trois Croix, petit ovale ; le Martyre de S. Etienne ; l'Ange qui diſparoît devant Tobie ; la Robe de Joſeph , original & copie.

127. Quatorze Pieces , dont la Faiſeuſe de Koucks ; la Sinagogue , épreuve & contre-épreuve ; le petit Vendeur de mort-aux-rats , &c.

Portraits.

128. Le fameux Portrait du Bourguemeſtre Six, Piece capitale de Rembrandt , & qui eſt certainement l'Eſtampe qui ait jamais été portée à un plus haut prix. Ce Portrait eſt accompagné de ſa copie très-bien imitée, par M. Baſan , nº. 265. Suppl. pag. 86.

129. Le grand Copenol avec le fond nº. 263. 130.

130. Le petit Copenol, troisieme épreuve n°. 262. Suppl. pag. 83.

131. Wtembogardus, & Corneille Sylvius, Portraits de formes ovales ; le
dernier est estimé par les Connoisseurs,
le chef-d'œuvre de Rembrandt,
pour la finesse de la pointe & l'intelligence du clair-obscur ; il est fort difficile à trouver d'une belle épreuve. nos.
259-260. Suppl. 82.

132. Abraham France, deuxieme épreuve, où l'Estampe que tient ce curieux,
est ombrée par derriere, à la différence
des premieres où l'on voit sur le dos
de cette Estampe une figure gravée :
n°. 253. Suppl. pag. 77. On y a joint
le Juif qui descend l'escalier : n°.
258. Suppl. pag. 81.

133. Huit Paysages, dont celui aux
trois Arbres très-beaux, n°. 204.
Celui aux trois Chaumieres de la premiere épreuve avant les doubles tailles ajoutées à la premiere chaumiere ;
n°. 209. Parmi les autres il s'en trouve de rares.

133 *bis*. Cinq Paysages, dont trois sont
fort rares, particulierement celui au
petit Carosse, n°. 207. Il est lavé de
bistre par Rembrandt même, & on
ne le trouve jamais autrement, par-

ce que ce Maitre l'avoit ainſi lavé
pour faire croire aux Amateurs que
c'étoit un deſſein. Les autres ſont le
Porteur de lait, nº. 205. Le petit Ba-
teau, nº. 227. Celui où ſe voit une
Ville & un Moulin à vent, nº. 202.
Au dernier ſe voit une groſſe Tour
quarrée la deuxieme du n₀. 227.

134. Le petit Œuvre d'Oſtade, compo-
ſé de 47 pieces gravées par ce Maître, avec tout l'eſprit & l'intelligence
qui ſe remarquent dans ſes deſſeins :
ce ſont des anciennes épreuves.

135. Dix - huit pieces choiſies, de J.
Vanvelde, dont l'Etoile des Rois,
le Samaritain, les Quatre Heures du
Jour, Stellion changé en lézard par
Cérès, & autres.

136. Les Œuvres de Miſéricorde, d'a-
près Teniers, gravées par le Bas;
épreuve avant la lettre.

137. La grande Fête Flamande, gravée
en Angleterre par T. Major, d'après
Teniers ; l'Hiver du même, par A.
Laurent; & une Vue de Vander-Néer,
par le Bas.

138. Six morceaux d'après Berchem ;
les Heures du Jour, par le Bas; le
Payſage, gravé par Aveline; & un
par J. Wiſcher.

139. Quatre-vingt-dix-sept Pieces de
Luyken, dont une petite Bible en 90
morceaux, trois pieces détachées
de la grande Bible, quatre petites
du nouveau Testament, & deux Payfages de Both, l'un defquels repréfente
la Foire de Beaucaire.

140. Un petit Porte-feuille vert, contenant deux différentes fuites d'Apôtres & de Saints, au bas defquels fe
voit dans un Cartel, un des principaux traits de leurs Hiftoires, en
48 morceaux, gravés par J. Slayter,
d'après J. Goerée, & une autre fuite
d'Apôtres & Sujets de dévotion, gravés au burin avec le plus grand foin,
par G. B. Goz, en 50 pieces.

141. Cinquante-cinq Payfages de Ma-
thieu Brill, gravés par lui-même.

142. Vingt-fix Payfages de Sadeler.

143. Cinquante Payfages de Vander-
Cabel.

144. Soixante & trois Payfages de Va-
terlo ; fuite intéreffante par le nombre & la beauté des épreuves.

145. Soixante & dix-huit Payfages
d'Herman d'Italie.

146. Sept des plus jolis morceaux d'Hollard ; fçavoir, le Lievre rare, les
cinq feuilles de Manchon, dont quel-

ques-uns fort rares , & la tête de Chat. Comme Hollard excelloit particulierement à rendre le poil avec beaucoup de vérité , on recherche ces Estampes quoique peu intéressantes par les Sujets.

147. Quatre Paysages du même Hollard, trois d'après J. Breughel & une d'après Teniers.

Manieres noires.

S M I T H.

148. Trois Portraits , celui de Smith & ceux de Kneller , Peintre , & de son épouse.

149. Trois des plus beaux Portraits de Smith , la Comtesse de Salisburi , nommée *la Veuve.* Miss Warner & Miss Croz ; épreuve avant la lettre.

150. Six Portaits de Femmes des plus agréables , dont la Duchesse d'Ormond , la Duchesse de Bolton, Ladi Houvard , &c.

151. Cinq Portraits d'Hommes illustres, dont le Czar Pierre le Grand , le Maréchal de Schomberg , le Duc de Malbouroug , &c.

152. La Vierge , d'après le Schiedon , & le Pot de Fleurs rare.

153. La Vierge, d'après le Baroche, premiere épreuve dans laquelle le doigt index de la main gauche de l'Enfant Jesus est plus long que dans les épreuves ordinaires.

154. La Sainte-Famille, d'après Carle Maratte; pieces capitales de Smith.

155. Douze morceaux en maniere noire de différents Maîtres, dont les Moutons & Oiseaux de Smith, deux Batailles d'Huttemburg, le Saint Pierre de Faber, un Portrait en ovale d'après Mieris, par Bloeteling, deux épreuves, une sans lettre, & l'autre avec lettres, & Vénus & Adonis de Lens.

ECOLE FRANÇOISE.

JACQUES CALLOT.

156. Cinq pieces, le Passage de la Mer Rouge, le Flot entier & le Flot tronqué, la petite Ferme ou la veuve de Sarepta, morceau très-rare, & sa copie; la petite Samaritaine attribuée à Callot, rare.

157. Le nouveau Testament en onze pieces, avant la lettre; & l'Enfant Prodigue, aussi en onze pieces avec la lettre. B iij

158. La grande Paſſion, en huit pieces, y compris celle de Silveſtre ; la petite Paſſion, en douze ; & les quatre Banquets.

159. La Vie de la Vierge, gravée dans de petits ovales, imprimés pluſieurs ſur la même feuille, ce qui caractériſe les premieres épreuves, parce que ces planches ont été coupées depuis en autant de morceaux qu'il y a d'ovales ; une petite Paſſion en ovale, même condition, quarante - trois pieces, y compris le petit Porte-Dieu & l'Hiſtoire de la Vierge, de forme quarrée, en quinze pieces, y compris les deux différentes compoſitions de l'Annonciation.

160. La ſuite, appellée *Elogium*, en treize pieces, y compris le petit S. Pierre, avec le Martyre des Apôtres, en ſeize pieces.

161. Les grands Apôtres, en ſeize pieces.

162. Les deux planches ovales du Martyre des Innocents, la premiere gravée à Florence, & la ſeconde à Nancy. Le S. Jean dans l'Iſle de Pathmos ; les trois Sacrifices, en quatre pieces, à cauſe du changement fait à une de ſes compoſitions, morceau

rare ; le S. Laurent en ovale, la Prédication de S. Jean, les Péchés mor-
tels , avant le nom de Callot; l'Enfant
Jefus fans le nom & avec le nom de
Callot , & les Pénitents , en tout
vingt-quatre pieces.

163. La Tentation de S. Antoine, premiere épreuve , avec les cinq rofettes
dans les armes.

164. Le Martyre de S. Sébaftien ,
grande piece en large , & celui de
S. Laurent , que l'on attribue , quoique fauffement, à Callot, cependant
rare.

165. La Nobleffe , en feize pieces , y
compris les quatre Femmes.

166. Trois épreuves différentes du Portrait de Claude Dervet , la premiere ,
avant la double taille au pignon du
Château qui eft dans le fond ,
la deuxieme avec cette double taille, & la troifieme , qui eft de la plus
grande rareté , eft gravée en contre-
partie de la premiere ; quoique la gravure en paroiffe auffi bien traitée que
celle de la premiere , je la croirois
cependant copie , bien que plufieurs
connoiffeurs affurent fon originalité ,
prétendant que Callot a répété cette
planche.

167. Quatre Portraits, dont le Sénateur, morceau assez rare ; Péri, Poëte Toscan, &c. Deux Titres, celui de la belle Jardiniere, qui est le titre d'un Poëme pastoral, du même Péri ; les Statuts des Chevaliers de S. Etienne, & le Catafalque de l'Empereur Mathias, original & copie ; en tout huit pieces.

168. Le Parterre & la Carriere de Nancy, & la petite Vue de Paris, sans le fond & avec le fond de Silvestre.

169. Le Combat à la barriere, fête donnée à Nancy, suite très-complette, ce qui est fort difficile à trouver ; elle est en vingt pieces, à cause des différences ; on y trouve, outre les morceaux ordinaires, la grande entrée du Marquis de Moy, & les six pieces qui en ont été formées en coupant cette planche, l'entrée de MM. de Convonge & de Chalabre, sur le format d'une vignette, & le petit bras avec la banderole, sur laquelle est écrit : *fecit potentiam in brachio suo* ; piece bien plus rare que celle où ce bras est sans banderole, quoique M. Gersaint ait dit le contraire par erreur dans son catalogue de Lorrangere. Ces pieces ont été changées à la se-

conde édition du Livre pour lequel elles étoient gravées ; le petit bras, à cause de la légende tirée de l'Ecriture Sainte, ce qui avoit été trouvé indécent à la tête d'un divertissement public, & les autres pieces, pour les réduire à la grandeur de celles de cette suite.

170. La chasse ; piece très-difficile à trouver aussi belle que celle - ci.

171. Les grands Paysages en quatorze pieces, à cause du titre qui est avant le fond & avec le fond, représentant la ville de Florence, ajouté par Silvestre ; le Rocher rare, & les quatre petits Paysages, qui sont ce qu'a fait de mieux Callot dans ce genre.

172. Les deux suites des Caprices, en cinquante pieces, celle de Florence & celle de Nancy, recommencée par Callot ; plus la petite Place de Sienne, & un autre petit morceau rare attribué à Callot.

173. Deux épreuves de la petite Foire, ou le Jeu de boule, l'une avant le nom de Callot, & l'autre avec ce nom & l'Eventail, original & copie : le premier est un peu fatigué ; au reste ce morceau est très-difficile à trouver d'une belle épreuve, parce que le

fond, qui a été gravé avec beaucoup de légéreté , est presque effacé dans les épreuves ordinaires : celle - ci est très-belle , sauf la condition.

174. La grande Foire de l'*Imprunetta*, gravée à Florence , premiere épreuve avant les petites armes qui sont ordinairement au deux coins du bas de l'Estampe.

Cette piece est la capitale de Callot , par la multitude de figures dont elle est ornée. Elle représente une Foire qui se tient tous les ans le jour de S. Luc , près de Florence , dans un lieu nommé *Imprunetta* , où l'on révere une image de la Vierge, peinte à ce qu'on prétend par S. Luc.

La même composition , recommencée par Callot à Nancy. On en fera deux lots, si quelques Amateurs le desirent : on y a joint le Portrait de Callot , gravé d'après Vandick , & un Titre de son œuvre très-bien écrit, par feu M. Helle.

175. Une autre épreuve de la Foire de Nancy , & la copie de celle de Florence , gravée en contre-partie de l'original par Salomon Savri : elle est assez rare.

176. Les Fantaisies en quatorze pièce

& les Exercices Militaires en treize
pieces.

177. Les petites Miferes de la Guerre,
en neuf pieces , & les Supplices. Ce
morceau eft un des plus recherchés de
Callot, par la multitude de petites
figures dont il eft compofé , qui toutes
fe diftinguent avec beaucoup de net-
teté ; mais il faut que les épreuves en
foient parfaites , & qu'on y diftingue
bien comme à celle - ci une Tour
quarrée qui eft dans l'éloignement ,
& une petite Vierge , placée au coin
d'une rûe qui fe trouve vers le fond
de la place fur la droite de l'Eftampe.
Les Amateurs doivent fe défier
de certaines épreuves , où la Tour
dont je parle n'eft que trop bien
marquée , parce que cette planche a
été retouchée avec affez de patience ,
par un de nos Graveurs modernes.

178. Les deux grandes Vues de Paris ;
les deux petites avec fond & fans
fond ; les Supplices , bonne épreuve
non retouchée ; le Breland ; S. Jean
dans l'Ifle de Pathmos, & le paffage
de la Mer Rouge , copie ; en tout
huit pieces.

179. Les grandes Miferes de la Guerre,

en dix-huit pieces, premieres épreuves avant la lettre.

180. Les mêmes avec la lettre.

181. Neuf pieces, dont les Bohémiens, la bataille de Veillane, le Bataillon, la Descente dans l'Isle de Ré, & la petite Treille, de deux épreuves, avec quelques légers changements.

182. Le Siége de Breda, en six feuilles assemblées en deux parties; épreuve avant la banderolle, où est écrit le nom du Siége, sans bordure : on y a joint les explications collées séparément.

183. Autre épreuve du même Siége, non collée ni assemblée, avec sa bordure : le nom du Siége & le Discours.

184. Les Gueux, en vingt-cinq pieces; le S. Mansuet & le S. Nicolas.

185. Les seize Paysages de Perelle, & les dix-huit de Langlois d'après Callot.

186. Quarante - cinq Paysages gravés par Noblesse, d'après le même.

S E B A S T I E N   L E   C L E R C.

187. Sept morceaux, dont Elie enlevé, de deux épreuves différentes, celle

avec les chevaux blancs, & l'autre
avec les chevaux ombrés.

Le Tobie, aussi de deux épreuves,
&c.

188. Le Passage d'Isaïe ou le Parvulus,
de trois épreuves, deux avec le grand
Enfant, sans lettres & avec lettres, &
celle avec le petit Enfant. La Multiplication des Pains, de deux épreuves différentes ; en tout cinq pieces.

189. Deux suites de la Passion, en trente-
six pieces, la premiere sans bordures,
& la seconde avec bordures.

190. Vingt morceaux ; l'Histoire Ec-
clésiastique ; le grand Concile, épreuve sans lettre avant l'édition, & un
autre avec lettres ; les deux Vignettes
de S. Augustin, la grande avec lettres
& sans lettres ; le Conciliabule de
Tyr, & deux lettres dépendantes des
Vignettes ci-dessus.

191. Vingt - huit Vignettes, dont le S.
Claude, très-rare, avec les divers
changements qu'on y a faits ; le petit
Paradis de trois épreuves différentes ;
la Prédication de N. S. & celle de
S. Jean, sans lettres & avec lettres.

192. Soixante - onze morceaux, dont
soixante-quatre de la Vie des Saints,
avant la lettre : le petit Paradis ovale

très-rare, & l'Office de la Vierge.

193. Trente petits morceaux de Dévotion, la plûpart rares, dont les Heures à la Chanceliere : l'Annonciation avec la priere à la Vierge, fans lettres & avec lettres, &c.

194. Les Batailles d'Alexandre d'après le Brun, épreuve avant la lettre, en fix pieces, y compris le titre qui repréfente la Galerie des Gobelins ; ainfi la Famille de Darius y eft avant que l'épaule de la Femme, qui eft affife au pied d'un arbre, foit ombrée.

195. Les mêmes Batailles avec lettres, en huit pieces, parce que le paffage du Granique eft double avec lettres & fans lettres : cette derniere eft celle que le Clerc grava d'abord & qui eft toujours fans lettre ; apparemment que l'exécution ne lui en plut pas, & qu'il l'a recommença ; c'eft celle qu'on trouve ordinairement. La Famille de Darius eft auffi double, l'épaule claire & celle qui eft ombrée, ce qui rend cette fuite extrêmement complette.

196. Autre fuite des mêmes Batailles en fix pieces ; le paffage du Granique eft de la premiere planche, fans let-

tres, & la Famille de Darius est
avec l'épaule, sans ombre.

197. Le Triomphe d'Alexandre, de
deux épreuves, celle où la tête d'A-
lexandre est presque toute retournée
du côté opposé aux spectateurs, &
qu'on appelle communément *l'épreuve à la tête retournée*; l'autre est l'ordinaire, où Alexandre regarde les
spectateurs; changement que le Clerc
fit, sur ce qu'on lui représenta que
cette attitude étoit plus convenable
que l'autre : on y a joint une copie de
ce morceau, par N. Cochin, sans
lettres.

198. L'Histoire de Bouillon, en trente
pieces, & celle de Touloufe en vingt-
quatre.

199. L'Histoire de Lorraine complette
en trente-six pieces, y compris les
Plans, Vignettes, Culs-de-lampes &
Lettres grifes.

200. Les onze principaux morceaux de
l'Histoire de Lorraine, copiés par
Pacot, & seize Vignettes de le Clerc,
originales; cinq de l'Histoire de la
Ligue, à cause d'une répétée avec
différences, & onze de l'Histoire de
Ximénès.

201. Six morceaux , dont l'Apothéofe d'Iris, deux épreuves, celle avec les Danfeurs , & celle avec les Sacrificateurs: la premiere eft bien plus rare que la feconde; la multiplication des Pains, le petit St. Auguftin , le Conciliabule de Tyr , & le grand Concile avec la lettre.

202. Cinq Pieces, la Devife de la Toifon d'or , celle de l'Hercule François , avec cette légende : *Plures non capit orbis,* de trois épreuves différentes ; & la réception de M. Dangeau , dans l'Ordre de Saint Lazare.

203. Les petites Conquêtes de Louis XIV , en dix pieces, le Siege de Mons, & la Forterefle de Montmélian.

204. Les treize morceaux gravés par le Clerc pour les Conquêtes de Louis XIV, dont les defleins originaux font dans ce Cabinet montés fous verre ; on les trouvera à leurs rangs parmi les Tableaux & Defleins montés. On a joint à cet article les dix copies de Pacot , des petites Conquêtes.

205. Les quatre Tapifleries , d'après le Brun , pour l'Hiftoire de Louis XIV; favoir , le Siege de Douay, ou le coup de Canon , l'Alliance des Suifles , le

Siege de Tournay , & la défaite des
Espagnols par M. de Marsin.

206. Les mêmes Tapisseries , dont le
coup de Canon & l'Alliance des Suisses font avant la lettre , & le Titre
des Plantes du Roi.

207. Soixante & une Médailles de l'Histoire de Louis XIV , celle de la Ville
de Paris, & les différens âges de Louis
XIV , par Benoist.

208. Le Labirynthe de Versailles , en
quarante & une pieces.

209. Trois Suites de Paysages & Livres
à dessiner , le Courtenvaux en trente-
neuf pieces , le Boucœur , en vingt-
huit , & le Colbert d'Ormoy , vingt-
huit pieces.

210. La suite des Paysages dédiés à Mgr.
le Duc de Bourgogne , en soixante
pieces , & les Environs de Paris en
douze.

211. Deux Suites avec différences des
Paysages dédiés à M. de Béringhen ,
en douze pieces chacune.

212. Les Habillements Grecs & Romains,
en vingt-neuf morceaux , les Conver-
sations de Mademoiselle de Scudéri ,
le petit Feu d'Artifice , les Jeux , les
quatre Abbés ou les Dialogues des

Abbés Dangeau & de Choifi, & autres, en dix-huit pieces.

213. Trente-quatre Vignettes, dont celle de l'Education de la Duchefse de Bourgogne, les Panégiriques, la Vignette de l'Abbé Bignon, le Tivoli, & autres.

214. Vingt-cinq Titres & Vignettes, dont le Titre de M. de Louvois, répété avec des différences ; les trois Thèfes de Philofophie, & le Catafalque du Chancelier le Tellier, morceau fur lequel fut reçut le Clerc à l'Académie Royale de Peinture & Sculpture.

215. L'Académie avant l'ombre prolongée & fa copie, par N. Cochin.

216. Cinquante & un morceaux, dont les Fables d'Efope, la Vignette de Colbert, celle des Animaux, de la mefure de la Terre, & autres.

217. Le Mai des Gobelins, de deux épreuves différentes, celle avec la Femme qui eft auprès d'un carroffe, & l'autre fans cette Femme; les deux Plafonds de M. de Teffin, & la Vue du Louvre, de Marot, dans laquelle le Clerc a gravé les ftatues & bas-reliefs.

218. La Machine qui a fervi à élever les deux cimaifes qui couronnent la

fronton du Louvre ; piece amufante, dans laquelle le Clerc a exprimé avec efprit les différents travaux qui furent faits à cette occafion, premiere épreuve avant l'année & l'Arc-de-Triomphe du Fauxbourg Saint Antoine.

219. Les Tapifferies des quatre Eléments & des quatre Saifons, gravées par le Clerc, avec une bordure du même, propre à écrire le Titre. Cette fuite n'eft point accompagnée des Devifes.

220. Trente-quatre morceaux, gravés par le Clerc, pour les Métamorphofes de Benferade, en rondeaux ; l'Académie des Sciences avant l'ombre prolongée, & autres.

Différents Maîtres de l'Ecole Françoife.

221. Les fept Sacrements du Pouffin, gravés par Pefne, premieres épreuves avant l'adreffe de Gerard Audran.

222. Autre fuite des mêmes Sacrements, retouchée par Gerard Audran.

Bien que la gravure de Pefne foit un peu négligée, il faut convenir que nul autre Graveur n'a fi bien réuffi à rendre le vrai caractere du Pouffin :

Je ne doute pas que la retouche d'un
aussi habile homme que Gerard Audran , n'ait encore ajouté un mérite à
ces morceaux savants ; c'étoit le sen-
timent de Bernard Picard , ainsi qu'il
l'a témoigné dans la Préface de ses
Impostures Innocentes. Les Amateurs, cependant, continuent toujours
à donner la préférence aux premieres,
comme plus pures & exécutées suivant les intentions du grand Peintre
qui dirigeoit lui-même le Graveur.

223. Six Compositions du Poussin , dont
le Moyse sauvé , gravé par J. Mariette ; la Sainte-Famille par Poilly ; la
Sainte Famille servie par les Anges ,
&c.

224. Trois grandes Estampes , d'après
le Poussin , dont le Frappement du
Rocher , & le Calvaire, très-bien gravés par Mademoiselle Claudia Stella ;
& le Pyrrus en deux feuilles , par G.
Audran.

225. Onze morceaux du Poussin , dont
une Sainte-Famille gravée par Claudia Stella, une Nativité par Picard
le Romain , &c.

226. Les huit grands Paysages , gravés
par Baudet.

227. Les Cinq grandes Batailles d'A-

lexandre d'après le Brun, gravées par
G. Audran & Edelinck, premieres
épreuves de l'impreſſion de Goyton;
& le Combat de Porus par B. Picard,
ou sous ſa conduite, en feuilles non
aſſemblées, du plus beau choix & de la
plus belle condition.

228. La Bataille de Conſtantin & ſon
Triomphe, par G. Audran, d'après
le Brun, & la Famille de Darius, de
Mignard, gravée par Edelinck, ancienne épreuve bien conſervée.

229. Les petites Batailles d'Alexandre,
gravées par J. Audran, en ſix Pieces.

230. La Madeleine des Carmelites,
chef-d'œuvre de M. le Brun, gravée
par Edelinck, premiere épreuve avant
la bordure.

231. Neuf Eſtampes, dont la Madeleine des Carmelites avec la bordure, St.
Jean l'Evangéliſte, gravé par Poilly,
épreuve avec lettres & ſans lettres;
le Martyre de Saint Etienne, la Deſcente de Croix par Benoiſt Audran,
& autres.

232. L'Hiſtoire de Méléagre, compoſée
par le Brun pour les Tapiſſeries du
Palais Royal, en huit pieces, y compris le Titre, gravée par B. Picard,
anciennes épreuves; & le Serpent d'ai

rain , grande piece , par Benoist Audran.

233. Trois grands Plafonds de le Brun ,
celui du grand Escalier de Versailles ,
la Coupole de la Chapelle de Sceaux ,
& le Plafond de l'Aurore.

234. Le grand Crucifix aux Anges , du
même , gravé par Edelinck ; la grande Elévation de Croix, & la Conquê-
te de la Franche-Comté , par Simoneau , ancienne épreuve : on sait que
cette planche, qui fait aujourd'hui partie de la Galerie de Versailles , a été
retouchée sous la conduite de feu M.
Massé.

235. La Coupole du Val-de-Grace, peinte par Mignard ; & le Plafond des petits Appartements , du même.

236. La Famille de Darius, de Mignard,
gravée par Edelinck , en deux feuilles
assemblées.

237. Quatre grands morceaux du même,
la Vierge de Douleurs , gravée par
Alex. Loir ; la Circoncision, par Sco-
tin ; le Baptême de N. S. du même, &
Sainte Cécile par Cl. Duflos.

238. Deux Epreuves du Saint Charles
donnant la Communion aux Pestifé-
rés ; dans la premiere ce Saint tient
l'Hostie de la main gauche , & dans la

feconde, qui a été réformée, il l'a tient
de la droite. Cette Eftampe eft d'a-
près Mignard; la premiere épreuve eft
beaucoup plus rare que la feconde.

239. Le grand Portement de Croix , de
Mignard & fa copie ; la Pefte du mê-
me, pareillement avec fa copie ; & une
Sainte-Famille , gravée par Maffon.

240. Cinq morceaux d'après Mignard ,
une Vierge par Poilly , la Vierge aux
raifins par Roulet , le Mariage de Ste.
Catherine par Poilly , le Songe de St.
Jofeph par Baudet , & la Vifitation par
Roulet.

241. Le Portrait du Comte d'Harcourt,
appellé communément *Cadet la Perle*,
à caufe d'une perle qui pend à fon
oreille , gravé par Maffon. Cette Piece
eft une des plus belles de cet habile
Graveur.

242. Saint Pierre Nolafque, piece princi-
pale & la plus rare de Mellan. On prétend que la planche a péri dans un
Vaiffeau qui fit naufrage.

243. Cinq Portraits choifis de Mellan :
celui de Juftinien qui eft le plus rare
de ce Maître ; Pierre Camus , Evêque
de Bellay; la Reine de Pologne , Loui-
fe-Marie de Gonzagues , & celui de
l'Auteur. On y a joint la Sainte Face,

pièce d'une gravure singuliere à une
seule taille, commençant par le bout
du nez & continuée en ligne spirale,
avec les renflements néceflaires pour
former la Face de N. S.

244. Sept Pieces d'après le Bourdon,
qui font différentes compofitions de
la Vierge ; deux la repréfentent avec
l'Enfant Jefus, fervi par les Anges,
gravés par Poilly;un Repos en Égyp-
te,par Natalis ; le Chrift au Tombeau,
par Boulanger , &c.

245. Les fept Œuvres de Miféricorde
compofées & gravées par le Bourdon,
premieres épreuves avant le nom
de Mariette. Ce font ces Eftampes
gravées par les Peintres mêmes que les
connoiffeurs eftiment le plus , par
l'efprit qui y regne , comme dans les
deffeins , & qu'ils préferent aux Gravures les plus foignées.

246. Onze morceaux , dont plufieurs
Vierges du Vouët ; le Chrift au Tom-
beau du même , gravé par Daret ; les
Philofophes brûlant leurs Livres , la
Prédication de Saint Paul , beau Ta-
bleau de le Sueur , qui décore l'Eglife
de Notre-Dame , & le Martyre de
Saint Laurent, du même.

247. Huit Eftampes d'après le Sueur ,

la

la Maladie d'Alexandre , les Livres
brûlés , le Martyre de S. Laurent , S.
Gervais & S. Protais amenés devant
les Juges , beau Tableau qui eſt à
S. Gervais , & autres.

248. Onze Pieces de différents Maîtres
François , dont le Coriolan de la Foſ-
ſe , Saint Joſeph préſentant un Lys
à l'Enfant Jeſus , d'après Stella ; la
Femme adultère , & Notre-Seigneur
chez le Phariſien , d'après Colombel ;
Saint Ignace-de-Loyola & St. Fran-
çois-Xavier , par Poilly ; & trois
Batailles d'après Parrocel , dont une
gravée par Preiſler.

249. Le Moyſe de Champagne , gravé
par Nanteuil & Edelinck. Ce morceau eſt le modele du plus parfait burin de ces deux excellents Graveurs.

250. La Rebecca & le Sacrifice d'A-
braham d'après Antoine Coypel , gravé par Pierre Drevet : ces deux morceaux , particulierement le premier ,
font également honneur aux deux
Artiſtes qui en ſont les auteurs.

251. Quatre grandes Compoſitions
d'Antoine Coypel ; ſavoir , la Chaſte
Suſanne condamnée par les Vieillards;
le Sacrifice de Jephté ; le Jugement
de Salomon , & Athalie. On y a joint

C

une Allégorie fur les Arts, dédiée à M. Colbert d'Ormoy.

252. Les quatre Tableaux des Gobelins répétés de ceux de Saint Martin, par Jouvenet, pour des Tapifferies, dont les fujets font le Repas chez le Pharifien la Pêche miraculeufe, les Vendeurs chaffés du Temple, & la Réfurrection du Lazare. Il fe trouve quelques légeres différences à ces morceaux des Tableaux de St. Martin, particulierement au Repas chez le Pharifien, où dans ces derniers, Jouvenet s'étoit peint avec fa femme; dans ceux-ci il y a fubftitué des figures de Vieillards : dans ce même article fe trouve le grand morceau d'après le Tableau qui eft aux Chartreux, repréfentant Notre-Seigneur guériffant des Malades fur le bord du Lac de Génézaret. Tous ces morceaux font gravés par Defplaces, Jean Audran & Gafpard Duchange.

253. Six Eftampes, la plûpart d'après Jouvenet ; le Mariage de la Vierge gravé par Doffier, l'Elévation & la Defcente de Croix par Defplaces Ste. Anne par Drévet ; la Guérifon du Paralytique dans la Pifcine, d'après

Reſtout, & le Mariage de la Vierge par
Carle Vanloo.

254. Les Peintures de la Chapelle des
Enfants-Trouvés de MM. Natoire &
Brunetti, gravées par M. Feſſard,
en quinze Pieces.

255. Le Paralytique, gravé par M. Fli-
part, d'après M. Greuze.

255 *bis.* Cinq Epreuves du Tableau des
Jéſuites de Billon, Gravures origi-
nales qui feront détaillées en diverſes
Vacations.

256. Seize Feuilles d'Ornements, par
Vateau, Audran & Openord.

Payſages, Marines, Fêtes, & autres Sujets de différents Maîtres.

257. Dix Morceaux, dont pluſieurs
Marines gravées dans le genre de la
maniere noire, imprimés en verd par
Kirkal, Anglois.

258. Six Sujets de Chaſſe de Van-Falens,
gravés par le Bas & Moyreau, &
un de Wouverman, par Thomas Major, Anglois.

259. L'Œuvre de Claude Lorrain, contenant trente-trois Payſages, gravés
par lui-même, à l'exception de ſix
qui font de Dominique Barrière.

Une autre suite des mêmes Payſages, en trente & un morceaux qui ſe-
ront vendus ſéparément.

260. Deux Payſages gravés par Vi-
varés, d'après Claude Lorrain & Patel.

261. La Récompenſe Villageoiſe, d'a-
prés Cl. Lorrain, gravée par le Bas.

262. La Tempête & le Calme, d'après
Joſeph Vernet, gravés par Baléchou;
premieres épreuves avant l'adreſſe de
M. Buldet : les Artiſtes & les gens de
goût regardent la Tempête comme le
plus beau morceau ſorti du burin de
cet habile Graveur.

263. La Suite complette des quatorze
Ports de France, gravés d'après J.
Vernet, par MM. Cochin & le Bas ;
épreuves de ſouſcription choiſies avec
ſoin.

264. Les huit premiers morceaux de la
même ſuite & de la même condition ;
il ſera facile de la completter chez
les Graveurs.

265. Les différents travaux d'un Port,
& le Pélerinage du même Joſ. Vernet, gravés par J. Daulé, même
grandeur des Ports de France ; & la
grande Vue d'Orléans, gravée par
Choffard, ſur le deſſein de M. Deſ-

friches, Négociant d'Orléans & Amateur des Beaux Arts.

266. Cinq Marines & Payfages de Vernet, dont la Belle après dînée, gravée
par Mademoifelle Coulet ; premiere
& deuxieme Vue du Levant, par Alia-
met ; Vue des Alpes & des Appenins
par Ouvrier.

267. Dix morceaux deffinés & gravés
par M. Cochin , pour le Mariage de
feu Monfeigneur le Dauphin , avec
Marie-Thérefe d'Autriche, y compris plufieurs Catafalques.

268. Cinq morceaux doubles de l'article précédent , dont le feu de Ver-
failles , & trois Catafalques.

269. Cent trente Vignettes de M. Cochin , ou fur fes deffeins , dont celles
de l'Hiftoire de France du Préfident
Henault , le Virgile François & autres.

270. Trente-une Vignettes & Titres de
Livres de Bernard Picart , dont celui
des Religions du Monde , le Robinfon
& autres.

271. Sept jolis morceaux du même, le
Maffacre des Innocents , premiere &
feconde épreuves, dont la différence
confifte en ce que , dans la premiere ,
Hérode n'a point de couronne fur la

tête, comme elle se voit dans la seconde : le même Massacre en plus
petit pour l'édition in - douze de la
Tragédie Hollandoise qui a été com-
posée sur ce sujet par Fétama, la Mi-
nerve avec les vers & avec le N°. &
les deux Vignettes des Exécutions de
Marie Stuard & Charles Ier.

272. Dix grands morceaux gravés par
Huquier, six d'après Boucher, pour
la Manufacture des Tapisseries de
Beauvais, deux Chasses d'après Ou-
dri, & deux Paysages d'après Berchem.

Portraits de différents Maîtres.

273. Le Portrait de M. Bossuet, Evêque de Meaux, gravé par P. Drevet
fils, d'après Rigault, ancienne épreuve. Ce morceau est regardé comme le
chef-d'œuvre du burin de cet excellent Graveur ; la tête sur - tout y est
traitée avec le plus grand soin, sans
sécheresse. Les anciennes épreuves
en sont assez rares, & sont de beaucoup
supérieures aux nouvelles qu'on a
tirées depuis.

274. Quatre Portraits gravés par Pierre
& Claude Drevet, d'après Rigault ;

le Cardinal de Fleury ; M. de Vinti-
mille , Archevêque de Paris ; le Cardinal d'Auvergne , Evêque de Vienne , & M. de Beauvau , Archevêque de Narbonne.

275. Quatre autres d'après Rigault ; le
Cardinal Dubois, par Drevet ; Cl. de
S. Simon , Evêque de Metz , par
Daulé ; M. de S. Albin , Archevêque
de Cambray , par Schmith, & l'Abbé
Pucelle par Cl. Drevet.

276. Le grand Portrait de Louis XIV
par Pierre Drevet pere, ancienne
épreuve.

277. Charlotte Palatine du Rhin , Duchesse d'Orléans, gravé par Simoneau,
& Madame la Duchesse de Nemours,
par P. Drevet.

278. Le Maréchal de Villars par P.
Drevet ; le Maréchal de Saxe par
Vill; le Comte d'Evreux par Schmith,
& M. Dodun par P. Drevet.

279. Nicolas Boileau Despréaux par
P. Drevet ; P. Mignard par Schmith,
pour sa réception à l'Académie Royale;
Desjardins par Edelinck ; Hiacinthe
Rigaud par Daulé , & Frédéric
Léonard , Libraire, par Edelinck.

280. Le Portrait de Samuël Bernard ,
par P. Drevet: ce Portrait, qui est

d'après Rigaud , ainsi que tous ceux des articles précédents , est la plus riche composition de cet excellent Peintre.

281. Huit beaux Portraits de Nanteuil, dont le Petit Loret , auteur d'une Gazette rimée ; l'Avocat de Hollande ; Pompone de Bellievre ; M. de Turenne ; M. de Colbert ; le Cardinal Mazarin , &c.

282. Quatre Portraits recommandables; Brisacier avant la lettre ; Charrier, Prévôt des Marchands de Lyon, par Masson ; Magalotti, par Vermeulen, & Dilgérus , par Edelinck.

283. Le Portrait de la Reine, d'après Natier, avant la lettre ; le Comte de Saint-Florentin, d'après Tocqué, par Will , premiere épreuve avant la qualité de Ministre; & Mademoiselle Perdrigeon, épouse de M. Boucher, d'après Raous.

284. Seize Portraits , dont l'Abbé de Lionne , par Edelinck ; Israël Silvestre du même ; Antoine Vitré , fameux Libraire , par Morin; M. de Largillere; l'Evêque de Montpellier, & autres.

285. Le Portrait de Mademoiselle Clairon sous le caractere de Médée ,

d'après Carle-Vanloo, gravé par MM.
Cars & Beauvarlet, premiere épreuve,
avec la petite croix en fautoir au bas
du coin de la marge : comme ce Portrait a beaucoup tiré, il eſt eſſentiel
d'en avoir des premieres épreuves.

Eſtampes diverſes.

286. Neuf Eſtampes, dont cinq d'après
Mettai, dans le goût de M. Vernet,
gravées par Longueil & Zingg ;
deux d'après Vouverman ; un Triomphe d'Amphitrite de Natoire, & la
Marchande de poiſſon Hollandoiſe de
Gerard - Dou, gravées par Moitte.

287. Onze Eſtampes, dont le Bacha
faiſant peindre ſa Maîtreſſe, d'après
Carle-Vanloo, gravé par Lépicié ; le
Triomphe de Mardochée, Tableau de
M. de Troye, gravé à l'eau-forte par
J. P. Parrocel; quatre Payſages d'après
Boucher, gravés par le Bas ; & cinq
petites Vignettes dont le Portrait de
Madame, par P. Drevet.

288. Quinze morceaux d'après Vateau,
Boucher, Chardin & autres, dont
la Mere laborieuſe & la Gouvernante,
gravées par Lépicié.

289. Le Carrouſel de Monſeigneur le

Dauphin, fils de Louis XIV, gravé au trait, imprimé au biſtre, pour être enluminé, en trente-deux pieces.

290. L'Œuvre de Piraneſe en cent ſoixante-trois pieces, contenant les grandes Vues de Rome en trente-neuf pieces; les moyennes, tant Vues de Rome, que compoſitions, avec le Portrait de l'Auteur, gravé par Polanzanis, en trente-neuf pieces ; & les petites Vues de Rome en quatre-vingt-cinq pieces. On y a joint le grand Plan de Rome de Nolli, parce qu'il eſt orné de pluſieurs points de Vue de Rome, gravés par Piraneſe : ſi quelques Enchériſſeurs vouloient ce Plan séparément, on le détacheroit de cet article.

291. Pluſieurs Eſtampes de différents genres & Deſſeins d'ornements, qui feront diſtribués dans chaque vacation.

Deſſeins en feuilles.

Quoique M. Brochant ſe fût défait de ſon vivant de ſa belle collection de Deſſeins, il s'en trouve cependant un petit nombre dignes de l'attention des Amateurs,

292. Un fort beau Deſſein de Berchem, Payſage & Animaux, fait à la plume, lavé d'encre de la Chine.

Ce deſſein, qui eſt bien original, ſigné en toutes lettres de Berchem, avoit échappé à la diſperſion, parce que M. Brochant l'avoit prêté à feu M. Huquier pour le graver à l'eau-forte, & eſt un des quatre qu'il a gravés dans la même forme ; ce deſſein qui porte, ſans le lavis qui eſt autour, dix-neuf pouces de long, ſur onze pouces de haut, repréſente un fond de Payſage montagneux, orné d'arbriſſeaux : ſur le devant à gauche eſt un grand arbre, auprès duquel ſe voyent deux Figures, dont une eſt à cheval ; le reſte du plan eſt occupé par un grand troupeau de bœufs, moutons & chevres, conduits par un Payſan, accompagné d'une femme, & une partie du troupeau eſt dans une riviere qui paſſe au pied de la montagne. Ce morceau eſt touché avec la légéreté, l'eſprit & l'intelligence, ordinaire à ce grand Maître, & peut paſſer pour un de ſes capitaux.

293. Deux jolis Deſſeins coloriés, faits en 1770 par Freudeberg : la compoſition eſt dans le genre de M.

Greuze , & le coloris dans le goût des deſſeins d'Oſtade ; les caracteres de têtes & les attitudes y ſont rendus avec eſprit. Ce jeune Artiſte , par ſes talents , nous donne lieu d'eſpérer qu'il nous fera reſſouvenir un jour du célebre Holbein ſon compatriote. L'un de ces deſſeins repréſente un Sol-dat à table avec ſa famille ; il paroît leur raconter ſes exploits : ces bons Payſans ſont attentifs à écouter ſon récit , pendant que de jeunes Enfants jouent avec ſon ſabre , qu'ils veulent tirer du foureau. Dans le ſecond , un Colporteur d'Images en préſente à une vieille Payſanne , accompagnée de ſes enfants ; deux des plus jeunes ſe diſputent une de ſes Images : ces deux morceaux ſont certainement des mieux compoſés que j'aye vu de cet Artiſte , qui les avoit fait exprès pour M. Brochant.

293. *bis.* Vingt - quatre morceaux de Décorations , par Bibiena ; l'une au biſtre repréſente un Temple , & l'au-tre coloriée ; un Palais : ils ſont décou-pés pour ſervir à un Optique , & ap-pliqués ſur des feuilles de papier blanc.

294. Deux jolis Payfages de M. Barbier, à gouache.

295. Deux autres, dans la maniere des précédents.

296. Deux Payfages à gouache, de M. Lallemand.

297. Six Payfages à gouache, de Patel le fils, faits *prefto*.

298. Deux très-beaux Deffeins d'Architecture en perfpective, coloriés, avec figures, repréfentant, l'un l'intérieur d'un Palais, avec un Jardin dans le fond, & l'autre un Temple, par M. Perlin, éleve de M. Contant.

Ce jeune Artifte montre dans ces morceaux un talent décidé pour ce genre, qu'il vient encore de fortifier par la vue des Chefs - d'œuvre de l'antiquité, qui ont fait l'objet de fon admiration & de fes études dans un voyage à Rome, dont il eft depuis peu de retour : il avoit fait ces Deffeins, ainfi que les fuivants, pour M. Brochant.

299. Deux autres Deffeins, du même, repréfentant des morceaux d'Architecture avec des fonds de Jardins & des Fontaines.

300. Un autre donnant la Vue intérieure d'un Temple.

301. Six Desseins d'Architecture avec fonds de Jardins, par M. Boucher le fils, légérement coloriés, avec figures de bon goût ; ce qu'on devoit attendre du fils d'un des meilleurs Peintres de notre Académie Royale, qui s'est distingué, principalement par le bon goût & le gracieux de ses compositions.

302. Trois Desseins d'Architecture ; deux de M. Boucher le fils ; le troisieme est une Vue perspective de la nouvelle Eglise de Sainte Genevieve, qui differe en quelque chose de l'exécution.

303. Quarante Groupes des Batailles d'Alexandre & de Constantin, coloriés sur les Tableaux de M. le Brun, par Gérard Audran.

304. Vingt-quatre Groupes des mêmes Batailles, en petit, lavés à l'encre de la Chine, sur un trait gravé.

305. Deux Siéges des Conquêtes de Louis XIV, & une Marche d'Armée, dessinés à la plume & lavés à l'encre de la Chine, par Sébastien le Clerc.

305. *bis*. Plusieurs Desseins & Peintures faites à la Chine, dont quatre grandes compositions fort agréables, peintes sur soie, dont on fera plusieurs lots.

Volumes d'Estampes reliées.

306. Le Sacre du Roi, en maroquin bleu, avec une petite dentelle dorée.

307. La grande Gallerie de Versailles, gravée par les soins & sous la conduite de feu M. Massé ; veau marbré.

308. Les Fêtes de la Ville , faites à l'occasion du Mariage de Madame avec l'Infant Dom Philippe ; veau marbré avec dentelles.

309. Les Fêtes de Strasbourg pour la convalescence du Roi, gravées par le Bas ; brochées.

310. Les Fêtes de la Ville, à l'occasion des deux Mariages de feu Monseigneur le Dauphin , veau marbré ; avec filets.

311. Le grand Plan de Paris de M. Turgot ; veau.

312. Les Fables de la Fontaine , avec figures exécutées par nos meilleurs Graveurs . sous la conduite de M. Cochin, d'après les Desseins d'Oudry. Paris, chez Desaint & Saillant, 1755, 56 & 59 , quatre Vol. in-fol. reliés en veau marbré.

313. Le Cabinet d'Histoire Naturelle de Rumphius , premiere édition de

1705 , avec le Difcours Hollandois ; in-folio vélin : les figures de ce Livre qui ont été gravées fur les Defleins de Mademoifelle Mérian , doivent être de cette édition pour être de bonnes épreuves. Ce Livre, ainfi que les fuivants, qui traitent particuliérement de la *Conchiliologie* , feront vendus avec les coquilles.

314. *Recreatio mentis & occuli , &c. à Philippo Bonanni , Romæ* 1684. Les figures de ce Livre , qui traitent des Coquillages , font fort bien gravées & recherchées des Amateurs.

315. La Lithologie & la Conchiliologie de M. Dargenville , premiere édition, Paris , Debure , 1742 ; veau.

On fait avec quel foin les figures de ce Livre ont été gravées ; comme c'eft ici la premiere édition, elles font des plus belles épreuves.

316. Dénombrement des Plantes des environs de Paris , par M. Vaillant, avec figures, deffinées par Aubriet, Leyde & Amfterdam , 1727, in-fol.

317. Plantes de Dodart , in-fol. v.

Sous le même No. Recueil des Plantes d'Abraham Munting , au nombre de deux cents quarante-trois Planches , très-bien gravées , avec

le Discours Hollandois , Leyde &
Utrecht , 1696 , veau.

318. Plantes & Insectes de Surinam ,
par Mademoiselle Mérian : les figures
ne sont point enluminées , in-fol. v.

319. Plantes & Insectes de l'Europe ,
par Mlle. Mérian , in-4°. veau.

320. L'Histoire Naturelle des Animaux
du Cabinet du Roi , grand in-fol.
veau.

321. Fleurs , de Batiste ; Oiseaux , de
Robert , & autres , in-fol. veau.

322. Bible de Luyken , in-4°.

323. Bible de Mortier , avec figures ,
dont quelques-unes de Picard , les
autres par de bons Graveurs Hollandois ; bonne édition , avant les
clous : on nomme ainsi plusieurs petites marques blanches rondes , oc-
casionnées par des trous qui ont été
faits à la planche de la derniere
figure de l'Apocalypse , & qui est
aussi la derniere du Livre.

324. Les Cérémonies Religieuses de
tous les Peuples du Monde , avec les
figures de Bernard Picard , édition de
Paris ; Rollin , 1741 , sept vol. in-
fol. veau.

325. Les Ruines de Palmyre & celles de
Balbec , gravées en Angleterre avec

propreté, deux volumes gr. in-fol. v.

326. Habillements du Levant, in-fol. veau.

327. Œuvre de Vander-Meulen, in-fol. veau.

328. Théâtres de Piémont & de Savoye, avec un grand nombre de Plans de Villes, & Vues de Palais, très-bien gravés, la Haye, 1725, deux vol, grand in-fol. veau.

329. Architecture de Marot, où se voyent les Plans & Elévations des plus beaux Edifices de Paris, in-fol, veau.

330. Vitruve, de la traduction de Cl. Perrault, deuxieme édition de 1684, augmentée, in-fol. veau.

331. Cours d'Architecture de Daviler, nouvelle édition, augmentée par J. Mariette, 1760, in-4°. veau.

332. Petites Vues d'Hollande, très-joliment gravées par Rademaker.

333. Vues des plus beaux endroits des environs de Paris, par Israël Silvestre, in 4°. oblong.

334. Vues de Venise, gravées avec beaucoup de légéreté par Antonio Visentini, d'après les Tableaux d'Antoine Canal, en trente-huit morceaux, divisées en trois parties, avec les Por-

traits des deux Auteurs : *Venetiis*,
1742, in-fol. veau marbré, avec
filets.

335. Médailles du regne de Louis-le-
Grand, avec la Préface imprimée, in-
fol. maroquin rouge, avec filets.

336. Atlas, historique & géographique de M. Buy de Mornas, en deux
vol. in-fol.

337. Histoire Militaire de Flandres,
depuis l'année 1690, jusqu'en 1694
inclusivement, par M. le Chevalier
de Beaurain, contenant tous les Plans
gravés des Batailles, Siéges, & autres
Exploits de Louis XIV en Flandres,
in-fol. veau marbré.

338. Le Poëme de Sceaux, Manus-
crit sur vélin, très-bien écrit, avec
un Frontispice, & deux Vignettes,
dessinés avec le plus grand soin par
Sébastien le Clerc. Le Frontispice est
composé par M. le Brun. Ce petit
Poëme, qui est de Quinault, avoit
été fait pour M. Colbert, dont on
voit les armes & les chiffres sur la
couverture de maroquin rouge.

339. Plusieurs autres volumes, tant sur
la Géographie que sur d'autres ma-
tieres, qui seront détaillés à la vente.

340. Atlas, géographique & topo-

graphique en feuilles prêtes à ajuster à chaffis, pour être reliées, contenant cinq cents trente-fept morceaux des meilleurs Géographes, tels que Delifle, Jaillot, Danville, & autres bons Auteurs de France & des Pays étrangers.

On y joindra, au choix des Acquéreurs, la grande Carte de la France, levée par ordre du Roi par MM. Maraldi & Caffini, en cent une pieces. Cette fuite, qui éft de cent cinquante morceaux, peut fe completter chez M. Jaillot, près les Auguftins, qui en a la vente.

Autres objets relatifs aux Eftampes & autres curiofités.

341. Trois Liaffes de Catalogues, faits à l'occafion de diverfes Ventes de curiofités.

Premiere Liaffe, le Catalogue des Deffeins de Fétama, Poëte Hollandois, avec les prix.

Celui de l'Orangere, par Gerfaint, avec les prix.

De M. Bonnier, par le même, avec les prix.

De M. le Duc de Tallard, par les fieurs Remi & Glomy.

De M. de Julienne, par les fieurs Remi & Juliot.

Des Coquilles de M. le Marquis de Bon. . . par les fieurs Helle & Remi.

Plus, un fecond Catalogue de M. de Tallard, imprimé fur papier d'Hollande, relié en veau; c'eft un des exemplaires qui avoit été deftiné pour la Cour. On le vendra féparément.

Deuxieme Liaffe; douze différents Catalogues, dont celui de Tonneman, avec les prix; de Termiften, *idem*, de Fétama & autres.

Troifieme Liaffe; douze autres Catalogues, par MM. Mariette, Helle, Bazan, Remi, Picard, Glomy, & autres; dont celui de Coypel, par M. Mariette.

342. Plufieurs mains de papier, grand Aigle d'Hollande, & d'un plus petit format, environ cinq mains de papier, grand Louvois, & plufieurs de papier d'Hollande bleu pour deffiner.

343. Plufieurs belles Boëtes & Portefeuilles propres à renfermer des Ef-

tampes & des Desseins ; dont plusieurs sont remplis de papier blanc. Savoir :

Dix Boëtes, grandeur de la demi-feuille d'Aigle, dont les dessus sont en veau, les dos & les pourtours en maroquin rouge, avec dentelles & filets dorés, s'attachant avec six crochets de cuivre.

Quatre *idem*. de même condition de format, de papier Colombier ployé.

Deux grands Porte-feuilles de même condition que les Boëtes, propres à mettre la feuille de grand Aigle déployée.

Plusieurs autres Boëtes & Porte-feuilles, dont quelques-uns en maroquin rouge.

On en vendra à chaque Vacation.

Tableaux , Desseins & Estampes encadrées.

344. Une grande & belle Copie de la Bataille de Constantin, peinte par Raphaël au Vatican. Elle est touchée avec tant d'esprit & de liberté, que plusieurs Artistes ont estimé qu'el-

le étoit de Jules Romain, & d'autres de Salvator Rose ; ce que je
n'oserois affirmer. Ce Tableau porte,
sans la bordure qui est peu considérable, six pieds de haut, sur huit
pieds sept pouces de large.

345. Le Triomphe de Saül & de David, peint par Bertin, de l'Académie Royale.

Ce morceau est très-agréable,
tant pour la composition que le
coloris : il porte six pieds de large
sur quatre de haut.

346. Huit Tableaux de Favanne, for-
mant la suite de la Vie de la Vierge ; leur grandeur est d'environ
deux pieds six pouces de haut, sur
un pied cinq pouces de large, à l'exception de deux qui sont plus petits.

347. Deux beaux Tableaux, dessus-
de-porte, de Lajoue, qui viennent
originairement du célèbre cabinet de
M. Bonnier, pour lesquels ils avoient
été faits ; ils portent trois pieds de
haut sur quatre de large.

348. Plusieurs autres Tableaux de
Fleurs, Paysages & Sujets, bordés
& non bordés, qui seront détaillés,
dont entr'autres deux peints sur bois,

dont le goût de deſſein eſt parfaitement ſemblable à celui de Callot,
à qui on les attribue, parce qu'on
aſſure que ce Maître s'étoit exercé à
la Peinture avant de ſe livrer entie-
rement à la Gravure : quoiqu'il en
ſoit, ces morceaux ſont très-bien tou-
chés, & d'un coloris vigoureux; ils repréſentent deux Payſages avec un aſſez grand nombre de figures tant à pied
qu'à cheval. Ils n'ont point de bordure.

Plus, un Paravent de quatre feuilles de quatre pieds & demi de haut
chacune, de vingt-un pouce de large ; ces feuilles repréſentent des
Payſages, avec l'attribut des Saiſons & des Ornements de bon goût :
elles ſont peintes avec ſoin par Lallemand, & pourroient être encadrées
pour ſervir de Tableau. Ce Paravent eſt doublé de papier de Chine,
& entouré de baguettes dorées &
garni d'équerres de cuivre.

Plus, deux Paravents de ſix feuilles,
portant chacune cinq pieds de haut
ſur vingt-un pouces de large; ces Paravents ſont garnis des deux côtés de papiers de la Chine ; l'un des côtés en
grands Perſonnages, & de l'autre en
Payſages ſingulierement tiſſus comme
une

étoffe , quoiqu'en papier. Cette espece est bien plus rare que les papiers
ordinaires ; chaque feuille est entourée d'une bordure rayée , formée
par des papiers aussi de la Chine
de diverses couleurs ; le tout est en-
cadré de baguettes de bois noirci ,
avec des équerres en cuivre aux
encoignures. On vendra ces deux
Paravents ensemble ou séparément ,
suivant le désir des Acquéreurs.

Desseins & Pastels.

349. Un Paysage avec Figures & Architecture agréablement colorié , par
Moucheron ; c'étoit le plus beau de
ceux de ce Maître qui étoit dans la
Collection de Desseins de M. Brochant, qui se l'étoit réservé parce qu'il
l'avoit placé dans un cadre sous verre pour orner son Cabinet.

350. Deux Tableaux de Fruits au pas-
tel , par Guelard , peints avec beaucoup de vérité.

351. Deux fort beaux Tableaux de
Fruits , Vazes , & autres accessoires
peints à la Chine , avec plus d'art
que les Chinois n'ont coutume d'en
mettre dans les ouvrages de ce genre.
Ils sont sous verre , & portent sans

leur bordure trois pieds quatre pouces & demi de large , fur un pied fept pouces de haut.

352. Un très-petit Tableau à gouache , peint par Willem-Baur ; il repréfente la Prédication de St. Jean-Baptifte : il eft fans verre & bordure.

353. Deux Sujets à gouache par le même , montés fous verre ; l'un repréfente le Siege de Jérufalem par Sennachérib ; & l'autre , le Siege de la même ville, par Godefroy de Bouillon.

354. Douze Deffeins des Conquêtes de Louis XIV , à la plume, lavés d'encre de la Chine , par Sébaftien le Clerc ; ils feront vendus par pendants , dans l'ordre fuivant.

Le Siege de Cambray , & celui de la Citadelle.

Le Siege de Rimberg , & de l'Ouvrage à cornes de Maeftrick.

Le Siege d'Utrecht , & celui de Burick.

Ceux de Huy , & de Doësbourg.

Ceux d'Aire , & de Dinan.

Ceux de la Citadelle d'Ipres , & d'Orfoy.

C'eft par erreur que j'ai dit à l'article des Conquêtes gravées par le Clerc , que nous en avions les Deffeins ; ceux-ci ont été gravés par Chatillon.

355. Deux Payſages de Patel , à gouache , ſous verre ; & quatre autres du même , ſans bordures , dont on fera deux lots.

356. Deux Payſages à gouache , avec architecture & figures , d'une compoſition fort agréable , par un Maître d'Italie ; ils ſont ſous verre , bien bordés.

357. Un des plus beaux Portraits de Petitot , qui a toujours paſſé pour celui de Marie - Théreſe d'Autriche , Femme de Louis XIV. Ce Portrait eſt très-agréable , de la meilleure touche & du plus beau tonde couleur , qu'aucuns de ceux qui ſoient ſortis de la main de cet excellent Maître , dont les ouvrages ſont en poſſeſſion d'orner les Cabinets des Amateurs du meilleur goût ; il eſt d'une conſervation parfaite , & vient d'une vente que feu M. Helle , & moi fîmes en 1752 d'une Collection conſidérable de petits Portraits en tout genre , parmi leſquels il y en avoit une aſſez grande quantité de Petitot , qui furent pouſſés alors à un prix très-haut ; celui-ci étoit un des principaux.

Plus, un Bas-relief en argent, de forme ronde, de trois pouces neuf lignes sans la bordure, représentant une Sainte-Famille, faite par *Elias-Jeger* en 1697 : il est dans une bordure de bois doré.

358. Les cinq grandes Batailles d'Alexandre, gravées par Gérard Audran & Edelinck ; anciennes épreuves montées sous verre ; les marges en ont été coupées, parce que dans le tems qu'elles furent montées, il ne se trouvoit pas de verres assez grands comme maintenant.

Différents objets de curiosité.

359. Une Boëte d'Optique, garnie de son verre, son miroir & d'un grand nombre de morceaux enluminés avec soin, renfermés dans deux tiroirs, & de plus petits qui se mettent dans la même boëte, au moyen de deux alaises qui en diminuent la largeur. La boëte porte environ deux pieds de large sur deux pieds & demi de hauteur, & se pose sur un tabouret de bois de chêne de treize pouces de haut.

Un autre verre & miroir d'Optique, monté sur un pied, pour voir

fur une table les perspectives qu'on
y place.

360. Un bel Etui de mathématique
fermant à clef, contenant des compas,
équerres, regles, pied & autres instruments en argent, dont on accusera le poids à la vente.

361. Plusieurs Compas de diverses grandeurs, dont un de douze pouces,
renfermé dans son étui ; un d'argent,
de six pouces ; & plusieurs équerres,
regles & autres instruments à l'usage
du dessein.

362. Plusieurs Boëtes de laque, &
une en carton, dont quelques-unes
contiennent des pains d'encre de la
Chine.

363. Deux petits Corps de Tiroirs
contenant des couleurs propres à la
mignature.

364. Quatre Boëtes renfermant des Caracteres, Vignettes & autres ornements en cuivre, avec leurs brosses, qui
feront détaillés.

Plus, une Bassine de cuivre étamée, avec
2 mains, propre à blanchir & décoler
les Estampes ; elle porte deux pieds 4
pouces de long, fur 2 pieds de large
& six pouces de profondeur : on en
accusera le poids à la vente.

365. Une Boëte contenant des Moules de corne, avec les dents de loup qui en dépendent, pour mouler des ornements de carton en bas-relief.

366. Deux Coffres d'ancien laque à deux battants, ornés de Figures & Payfages de relief, rehauffés d'or, dont un bien confervé. Ils n'ont point de pieds.

367. Deux fort beaux Coquillers, compofés de deux corps - d'armoires à deux battants, en placage de bois de rofe & de violette, à compartiments & deffus de marbre, contenant chacun vingt tiroirs de différentes hauteurs en bois de chêne & anneaux de cuivre ; ces corps d'armoire portent deux pieds dix pouces de haut, trois pieds de large & un pied neuf pouces de profondeur ; ils feront vendus à la derniere vacation des Coquilles, enfemble ou féparément, au choix des Enchériffeurs.

368. Une Montre de Baillon, à répétition, & boëte d'or cifelée.

Une Boëte d'or ovale, dont on accufera le poids à la vente.

Plufieurs Bagues de Diamants, & Pierres de couleur, dont une jolie Opale.

Deux Cannes à pommes d'or, d'un

ne belle proportion , dont une eſt piétée.

XXXXXXXXXXXXXXXXXXXXXX

COQUILLES.

L'ordre que j'ai gardé dans l'arrangement de cette partie du Cabinet de M. Brochant , eſt à peu près le même qui a été obſervé à la vente du célèbre Cabinet de M. Davila , en le ſimplifiant cependant , à cauſe du peu de tems que j'ai été obligé d'employer à la compoſition de ce Catalogue , pour qu'il fût aſſez tôt prêt pour la vente ; j'ai été auſſi obligé de mêler quelques eſpeces pour former mes lots , parce que cette collection n'eſt pas aſſez étendue , pour la diſtribuer ſelon les variétés , dont chaque genre eſt ſuſceptible.

PREMIERE CLASSE,

UNIVALVES.

Premier genre, Lépas.

Nº. 1. Neuf Lépas , la plûpart de Magellan , dont un grand , couleur d'écaille de tortue , poli ; quatre ſtriés par rayons , deux à œil de rubis , &c.

2. Sept autres de Magellan & des Indes, dont plusieurs à œil de rubis.

3. Huit jolis Lépas de petites formes, dont deux boucliers, un de Magellan, strié, couleur de rose & blanc, &c.

4. Neuf Lépas percés, tant des Indes que de Magellan.

Deuxieme genre, Oreilles.

5. Cinq Oreilles des Indes, dont la forme est plus allongée que celle de nos mers, la nacre plus belle, ainsi que la finesse du tissu de sa robe.

6. Sept Oreilles choisies de nos mers, grandes & petites, dont une est dépouillée.

Troisieme genre, Nautiles.

7. Un Nautile papiracé de la mer Méditerranée, de six pouces & demi sur quatre pouces & demi.

8. Deux petits Nautiles papiracés, des Indes; un à grains de ris, & l'autre à oreilles.

Quatrieme genre, Limaçons.

9. Sept Limaçons à bouches rondes, deux Veuves, trois gris - verdâtre, dont un a son opercule, & deux petites Veuves non polies.

10. Cinq Limas à bouches rondes; un

Dauphin ; deux Peaux de ſerpent ;
une belle Bouche d'argent à tubercules & ſtries , & une Veuve.

11. Treize Limas , deux Dauphins ,
une Bouche d'or , une Veuve dépouillée par endroits , pour imiter
les Veuves perlées ; & pluſieurs petits Limas, dont deux ſont dépouillés.

12. Cinq Limas , deux belles Peaux de
ſerpent , deux Perroquets , dont un
très-vif en couleur, & un autre ſtrié,

13. Cinq autres, dont une Bouche d'or,
une d'argent , un Perroquet, deux
Limas blancs, dont un rare , avec
de petites côtes qui ſuivent ſa ſpirale.

14. Vingt Limas à bouche demie-ron-
de , dont cinq marons ou jaunes
d'œuf, & pluſieurs autres fort jolis.

15. Douze belles Nérites , dont deux
griſes de la grande eſpece , deux vertes & rouges à peaux de ſerpent ;
deux Quenotes ſaignantes , &c.

16. Douze autres, dont une blanche
& une jaune rare , de forme très-ap-
platie , une Grive, deux belles Quenottes ſaignantes , & autres.

17. Douze *idem*, dont quatre à peaux de
ſerpent, trois Quenottes ſaignantes,
une jolie, rare , à point d'Hongrie ſur

un fonds canelle, &c.

18. Vingt & une Nérites, la plûpart petites & de couleurs singulieres, dont plusieurs à peaux de serpent ; deux Quenottes saignantes, &c.

19. Quatorze Sabots, ou Culs-de-Lampes, deux toits Chinois, deux verts à tubercules, plusieurs petits, dont deux Boutons de camisole, ou Coquilles de Pharaon.

20. Dix *idem*, deux toits Chinois, deux Cadrans ou rosettes d'épinette, de couleurs vives & d'especes différentes; deux fort beaux Boutons de camisole, &c.

Cette petite Coquille est extrêmement agréable par la régularité de ses spires, qui forment plusieurs rangs de petits grains, ressemblants à des perles mêlées de corail & de grains noirs.

21. Vingt-cinq Sabots, petits & moyens, dont quatre Boutons de camisole, deux Cadrans, un toit Chinois, deux petits Boutons dépouillés montrant une belle nacre.

Cinquieme genre, Buccins.

22. Une Mitre ou Plume, & deux

Thiares papales , vives en couleurs.

23. Sept jolis Buccins , deux Turbinites ou Limas Asiatiques , deux ivoires, & trois joliment rubannés.

24. Neuf petits Buccins , dont un jaune à côtes & à stries , rares.

25. Dix autres , dont deux ivoires , un à canelures relevées , brunes , sur un fond paille , peu commun ; un autre rare , à petits grains bruns , avec des côtes perpendiculaires sur les côtés, &c.

26. Quinze *idem* , dont plusieurs livrées & autres de couleurs agréables.

27. Sept , dont une petite Conque de Triton des Indes , deux Tulipes , &c.

28. Cinq beaux Buccins , une Cordeliere , une Tulipe , une fausse oreille de Midas à bouche , bordée de couleur de chair , & deux à tubercules.

29. Six autres , une Conque de Triton des Indes , deux Tulipes , deux à Tubercules , & une petite Conque de Triton.

30. Six Buccins , deux Tulipes brunes', deux petits Buccins feuilletés de Magellan , &c.

31. Cinq *idem* , deux Tulipes brunes , un petit feuilleté de Magellan & deux à tubercules.

D vj

32. Six jolis Buccins à longs becs ; un Fuseau , deux Tours de Babel mouchetées , deux *idem* blanches , & un autre petit légérement moucheté , de la forme d'un fuseau.

Sixieme genre, Vis *ou* Eguilles.

33. Sept Vis , quatre striées , deux Chenilles, & un Clocher gothique.

34. Cinq Vis lisses , dont deux mouchetées de jaune , ayant un ruban qui tourne autour de sa spirale ; deux mouchetées de brun, & une blanche à petites mouches jaunes & à ruban.

Les pointes de toutes ces Vis sont parfaitement conservées , ainsi que presque toutes les autres contenues dans cette collection.

35. Douze Vis , la plupart lisses , dont une fond jaune à taches rondes, blanches ; deux fond jaune , mouchetées de brun ; espece d'Aleines ; deux Enfants en maillot , & autres.

Septieme genre , Rochers *ou* Murex.

36. Une Harpe rare, couleur de rose & blanc , à petites côtes minces, peu saillantes & écartées les unes des

autres ; fa forme eſt moins évaſée
que celle des Harpes ordinaires
Cette jolie Coquille eſt fans contre-
dit la plus agréable de celles de cette
eſpece, ce qui m'a invité à lui donner
le nom de Harpe des Néréïdes. Elle
vient de la vente du Cabinet de feu
M. l'Abbé Fleury , & avoit apparte-
nue à M. Sevin.

Je place les Harpes dans le rang
des Murex, comme feu M. Gerſaint ,
& non pas dans celui des Conques
ſphériques , ou Tonnes , ſuivant les
ſyſtêmes de MM. d'Argenville & Davila , parce qu'elles me ſemblent ſe
rapporter davantage à celles qu'on y
place , comme les Muſiques , les
Foudres , les Bois veinés & autres :
ajoutez que leurs côtes perpendiculaires ne conviennent point aux
Tonnes , dont les côtes & ſtries ,
lorſqu'elles en ont, ſuivent leur ſpirale
& imitent en cela les cercles qui en-
tourent les tonneaux.

37. Six Harpes variées de couleurs , dont
quatre de celles qu'on nomme la Harpe noble ; *Cythara*, & non pas *Harpa,*
nobilis : les deux autres à côtes minces & écartées , ſe nomment quelquefois Caſſandre , nom générique que

les Hollandois donnent à toutes les Harpes.

38. Huit petites Harpes variées de plufieurs efpeces & couleurs agréables.

39. Six autres, deux groffes & quatre
moyennes ; trois Caffandre & trois
nobilis.

40. Quatre Murex ; favoir, un bois
veiné, deux Foudres & un Plein-
chant.

41. Quatre Chauves - fouris. Ce font
des variétés de l'efpece des Foudres
dont la forme eft plus écartée, & les
pointes difpofées comme l'extrémité
des ailes de la chauve-fouris. C'eft
le nom que donne Rumphius à tous
les Foudres ; mais qui ne me femble
convenir qu'à l'efpece de ceux de cet
article.

42. Deux Mufiques vertes, qui font les
plus rares, de celles de cette efpece, &
une tirant fur le rofe, très-bien carac-
térifée.

43. Neuf Murex, dont une tête deTau-
reau, une Aigrette de Saint Domingue ; un à clous & bouche couleur
de chair , &c.

44. Douze petits Murex, dont une Aigrette de Saint Domingue à clavicule brune par l'extrémité ; une autre

dont le fond des canelures eſt jaunâtre ; deux à dents de chien , deux
petites Mures de Saint Domingue ,
&c.

45. Cinq Murex ailés , dont la Tourte-
relle dans ſa couleur naturelle & dépouillée , ce qui la rend blanche ; &
deux à tubercules, & à clous.

46. Onze ailées , dont la Tourtelle
blanche ; deux panachées de gris à
tubercules , &c.

47. Sept autres , une mouchetée de
brun , à groſſes tubercules ; deux
petites Tourterelles à zônes jaunâ-
tres, une couleur d'iſabelle à clavicule très-allongée en forme de vis , &c.

48. Onze ailées , dont quatre oreilles
de cochon, quatre boſſues , deux à
ailes de chauves-ſouris , & une petite à zônes ſerrées, couleur de canelle.

49. Un Scorpion de la belle eſpece ,
nommé *le Goutteux* , & deux Arai-
gnées ou Scorpions femelles, vives en
couleurs.

50. Un autre beau Scorpion de la même eſpece, & une Araignée de même
eſpece , mais plus grande que les
précédentes.

51. Sept Murex , dont un Lard ; un autre eſpece de Lard à tubercules , deux

Grimaces, & autres.

52. Six Casques en pendants, deux pa-
vées, deux rayés, l'un poli & l'autre
avec des stries circulaires ; & deux
petits Casques cendrés à levres mouchetées de brun.

53. Huit autres Casques par pendants,
deux bézoards, deux pavés, deux
rayés avec leurs stries d'un gris plus
foncé que les précédents, & deux
cendrés comme ci-dessus.

54. Trois, *idem*, deux Casques plumes à
stries, & un Casque pavé de la rare
espece à taches moins foncées que
l'ordinaire.

55. Sept Casques, dont un à plume,
strié, un pavé non poli, & autres.

Huitieme Genre, les Pourpres.

On sait que le nom de ce genre de
Coquilles, vient de ce que les an-
ciens en tiroient cette précieuse tein-
ture de pourpre à laquelle à succédé
notre écarlate.

56. Deux Roties à feuilles de chicorée,
très-finement découpées, d'un brun
foncé sur un fond très blanc. J'avois
fait l'acquisition de ces deux jolies
Coquilles, dans la vente que firent
MM. Helle & Remi, du célèbre

Cabinet de M. le Marquis de B.... 1232

elles étoient les plus belles & les mieux conservées de celles de cette espece qui étoient dans cette rare collection.

57. Six Pourpres, deux chicorées légérement tachetées de brun à l'extrémité de leurs feuilles & de leurs tubercules & quatre chausses - trapes d'un brun foncé, nommées *Brûleés*.

58. Cinq, *idem*, deux brûlées, deux petites chicorées à zônes brunes & blanches, & une chausse - trape blanche, dont la pointe de la clavicule est brune.

59. Trois Chausses - trapes, dont deux blanches comme la précédente, & une autre très-jolie d'une forme alongée comme les Buccins, à petites zônes brunes sur un fond jaunâtre, & l'extrémité des feuilles couleur de lilas.

60. Cinq Pourpres ; savoir, deux roties, une desquelles est à zônes brunes, trois chausses-trapes en buccins, une blonde à feuilles lilas, une à zônes avec la clavicule lilas, & l'autre aussi à zônes & feuilles plus alongées.

61. Quatre *idem*, en pendant, deux ro-

ties à courtes feuilles, & deux pattes de crapauds à feuilles très-allongées. Cette espece de Pourpre est la plus rare de ce genre.

62. Sept Pourpres, dont une brûlée, deux chausses-trapes à zônes brunes, deux petites pattes de crapauds, une blanche & une brune à clavicule blanche, &c.

63. Quatre têtes de Bécasses des Indes, dont deux épineuses.

64. Quatre, *idem*, deux des Indes, sans épines, & deux épineuses de S. Domingue, légérement colorées de gris de lin.

Neuvieme Genre, Volutes.

Qui comprend les Cornets, les Rouleaux & les Olives.

65. Un très-bel Amiral & une Aile de Papillon. Ces deux Cornets sont mis au nombre des plus rares & des plus agréables de ce genre ; ils sont très-recherchés des Hollandois, qui les poussent encore à un fort grand prix.

66. Un autre Amiral, de forme plus
petite que le précédent, très - vif en
couleurs , & deux flamboyantes ,
une brune & une jaune.

67. Autre bel Amiral de la grandeur
du premier , & de la couleur des
draps d'or , & deux petites couronnes impériales , réguliérement mar-
quetées.

68. Deux gros Tigres à fond blanc, &
deux Damiers jaunes.

Je ne puis diffimuler que ces deux
dernieres Coquilles , qui font d'ordinaire d'un brun très-foncé, me paroif-
fent avoir acquis cette couleur par
l'art de ceux qui les nettoyent ; ce
qui s'opere en les mettant quelque-
tems dans de la cendre chaude.

69. Quatre Cornets , deux Tigres à
bandes jaunes & deux Damiers. J'ai
déja averti les Curieux dans un
autre Catalogue, que j'appelle Damier , ce que MM. Dargenville &
Davila appellent Tigres , & *vice
verfa* ; Tigres, ce que ces MM. appellent Damiers : je fuis en cela les
dénominations de M. Gerfaint & des
autres Auteurs de Conchiliologie , ce
me femble avec affez de raifon.

70. Quatre autres Cornets , deux belles couronnes impériales , & deux Tigres à fond blanc.

71. Huit *idem* , dont un petit Tigre à fond blanc ; deux autres avec de légeres bandes jaunes ; deux Minimes & autres.

72. Six Cornets ; fçavoir , un Navet , un Damier brun clair , deux Cierges à bouches violettes , & deux petits Onix à zônes violettes. Tous les Connoiffeurs en cette partie favent , que les Coquilles , qu'on appelle *Cierges* & *Onix*, font des Cornets des efpeces précédentes , dépouillés & polis. On choifit pour cette opération ceux dont les couleurs font mortes & qui montrent une couleur violette à l'extrémité de leurs bouches.

73. Huit petits Cornets ; favoir , une Aile de Papillon , deux fauffes ailes de Papillons ; deux Draps d'argent, dont un eft moucheté en zigs-zags , deux Papiers marbrés , & le Vice-Amiral de Rumphius , rare, dont la couleur eft foncée, & dont le volume ne fe trouve prefque jamais plus grand que celui-ci.

74. Trois beaux Rouleaux , un Drap d'or , & deux Brunettes.

75. Trois *idem*, un Drap d'or, & deux écorchées ou nuées, dont un à zônes.

76. Cinq autres, deux Drap d'or, une Brunette de couleur plus claire que les ordinaires, & deux autres efpeces de nuées, appellées par les Hollandois les *Lions*, parce qu'en effet plufieurs des taches de leurs robes ont une légere reffemblance avec des Lions.

77. Quatorze petits Rouleaux, dont plufieurs efpeces de Piquures de mouches, Brunettes & autres.

78. Onze petits Rouleaux, un Drap d'argent, une Piquure de mouche, plufieurs Brunettes, une Omelette, deux efpeces de Drap d'or, de forme alongée, dont un dépouillé de fes ftries & poli, & un autre à fond nué de couleur de chair.

Cet article eft fort agréable, & plufieurs de ces morceaux font peu communs.

79. Quatre belles Olives, deux de Panama, & deux joliment panachées à bouche orangée.

80. Quatre, *idem*, des mêmes efpeces, de formes plus petites.

81. Cinq autres, deux Moreffes, une

à bouche orangée , d'une couleur agréable , sur un fond chamois , & deux couleur d'olive , dont une est panachée de brun vers la volute.

82. Vingt-quatre petites Olives , toutes bien choisies , dont une grise avec des zigs-zags bruns , deux couleur de canelle , rares , & autres.

83. Treize , *idem* , de couleurs fort agréables.

84. Onze , *idem* , toutes par pendants , à l'exception d'une nuancée de brun & de blanc , peu commune.

Dixieme Genre, les Globosées ou Tonnes.

85. Deux belles Couronnes d'Ethiopie d'un peu plus de quatre pouces de long , de la couleur ordinaire , canelle à zônes légeres; les pointes de leurs couronnes sont très-bien conservées.

86. Quatre Tonnes , deux Figues blanches & deux Muscades.

87. Cinq , *dito* , deux Figues grises panachées , deux Muscades , & une petite Tonne papiracée , entourée de rayes brunes , sur un fond jauneâtre.

88. Six Tonnes , deux Perdrix , & quatre à cordelettes , tachetées de points jaunes de diverses variétés , à

bouches fraifées & à bouches fimples, nommés par M. Gerfaint *Tonnes canelées*.

89. Deux jolies Tonnes de Magellan, de couleur brune à canelures granuleufes, avec une petite dent ou corne dans le bas de l'intérieur de fa bouche, nommées *Licornes*, & connues des Amateurs depuis fort peu d'années. M. Davilla les a placées, je ne fais par quelle raifon, parmi les Buccins du fecond genre.

Onzieme Genre, Porcelaines.

90. Trois Porcelaines, un Argus, & deux Géographiques,

91. Trois, *idem*, un Lievre très-vif en couleur, une Géographique & un Argus.

92. Cinq Porcelaines, un Lievre, l'Arlequine & la faulfe Arlequine, & deux petites, papiracées & polies, nuancées de brun.

93. Cinq autres : un Argus, deux Taupes à zônes canelle clair, & deux Arlequines.

Les Porcelaines des quatre articles ci-deffus, font en grande partie les efpeces les plus rares de ce genre

& les plus recherchées des Amateurs.

94. Trois Peaux de Tigres, dont une jaunâtre, papiracée, à bouche sans levres ; espece plus rare que les deux autres.

95. Onze Porcelaines d'especes plus petites que les précédentes, dont une Taupe canelle, deux peaux de Tigres, une Neigeuse, & autres.

96. Vingt-six petites Porcelaines, dont deux très-rares, de l'espece nommée l'*Insecte*, à cause d'une tache qui est au milieu, qui ressemble à peu près à un Insecte ; une à zônes brunes, en zigs-zags d'un brun violet, assez rare ; plusieurs petits Argus, & autres.

Douzieme & dernier Genre des Univalves.

Les Tubes Vermiculaires.

97. Une petite Dentale verte, nommée la *Dent d'Eléphant*, & deux petites Cornes d'Ammon, blanches, évidées & chambrées.

On y a joint, à cause de la petite quantité des pieces qui composent cet article, sept Oursins dépouillés, espece que je regarde comme étant du genre des crustacées. Il y en a plu-
lieurs

les autres à mammelons , dont un ovale de la Mer rouge.

DEUXIEME CLASSE.

B I V A L V E S.

Premier Genre ; les Huîtres.

98. Deux Huîtres lamelées ; la grande Pelure d'Oignon blanche , ou la Vitre Chinoise , & une Nacre de perles dépouillée & polie.

99. Cinq Huîtres épineuses des Indes ; une petite fort jolie , violette , à longues feuilles blanches ; une jaune ; une légérement coloriée de lilas , & deux autres grises panachées : on y a joint une petite Anomie ou Térébratule de Mahon papiracée.

Les Huîtres des Indes font d'une pâte bien plus fine que celles de Saint-Domingue , auxquelles cependant on donne depuis quelques années la préférence , à cause de leurs variétés & de la longueur de leurs pointes,

100. Huit autres Huîtres épineuses trois de Malthe , un Grouppe de quatre Gâteaux feuilletés de Saint - Domingue , jaunes & lilas ; deux Gâteaux feuilletés , *idem* , l'un violet & l'autre

jaune , & une épineufe à longues pointes de Saint-Domingue.

Deuxieme Genre; les Peignes.

101. Une belle Coraline des Indes , vive en couleurs , efpece bien plus rare & plus fine que celle de Saint-Domingue.

On y a joint deux jolis Manteaux Ducals.

N. B. Je me fers de la terminaifon en *als* pour le plurier de manteaux , à caufe de la rudeffe qu'il m'a femblé que feroit cette rencontre du même fon , *Manteaux Ducaux* : quoiqu'on fe foit déja fervi de cette expreffion dans des occafions pareilles à celle-ci ; & en cela j'ai fuivi l'ufage auto-rifé pour les mots *Naval* , *Carnaval* , *Fatal* , & autres , dont le pluriel ne fe termine jamais en *aux* , ce que ce-pendant je fuis bien éloigné de donner pour une regle , mais feulement pour un doute , dont la décifion n'appar-tient qu'aux Savants Grammairiens,

102.Une Coraline de Saint-Domingue, d'une belle couleur ; deux petits Pei-gnes d'Afrique, & quatre jaunes de nos mers.

103. Deux beaux Manteaux Ducals, dont un rare avec des nuances orangées.

104. Deux autres Manteaux Ducals, & six Peignes choisis des côtes d'Espagne.

105. Quatre Bénitiers de diverses couleurs, dont un très-brun de Saint-Domingue, & quatre moitiés de Manteaux Ducals, dont une avec de l'orangé : on avoit tâché, mais envain, de faire de ces quatre moitiés deux Manteaux ; mais cette coquille étant celle de tous les Peignes dont les engrenures joignent le plus parfaitement, il est impossible d'y être trompé, pour peu qu'on y prenne garde.

106. Une Rape d'un tissu très-fin, & trois Limes douces, dont une est cuverte de son épiderme brun.

107. Deux Rapes & une Lime douce très-fine.

108. Quinze Peignes des côtes d'Espagne & de nos mers, très-bien panachés, dont un citron & plusieurs nués de couleur de rose.

109. Trente petits Peignes, la plupart des côtes d'Espagne & de nos mers, y compris un d'Afrique.

Troifieme Genre; les Cammes.

110. Quatre Cammes de Saint-Domingue; une Corbeille dans fon naturel;
deux polies, jaunes, bordées de rofe,
très-vives en couleur, & une chagrinée blanche, à laquelle on donne le
nom d'*Abricot*, quand elle eft polie.

Ces efpeces ne font connues que
depuis environ une douzaine d'années,
& font très-agréables à la vue lorfqu'elles font dépouillées & polies, parce que
leurs couleurs fe trouvent renfermées
dans l'épaiffeur de la coquille.

111. Six Cammes de Saint-Domingue;
trois petites Corbeilles, dont deux
polies, l'une citron & l'autre blanche,
bordées de rofe, & une blanche à
ftries très-fines, dont l'intérieur eft
légérement nué de citron.

112. Sept Bivalves; deux Abricots
blancs l'un defquels eft de forme prefque ronde, & qu'on nomme par cette
raifon, *la Bille*; trois efpeces de Cœurs,
dont un point-d'Hongrie.

113. Sept Cammes ovales de S. Domingue, dont quatre violettes, deux
rouges, dont un côté de la bouche eft
violet; & une citron de même efpe-

ce: cinq font polies, & les deux autres ont leurs ftries.

114. Trois Cammes, une Ecriture Chinoife des Indes, & deux Cammes coupées polies, l'une canelle & l'autre grife, efpece de *Concha veneris*.

115. Deux belles Cammes, une Ecriture Chinoife très-vive en couleurs, & une *Cedo nulli*.

Apparemment que les Naturaliftes qui lui donnent ce nom la regardent comme la plus belle des Cammes. Elles viennent des Indes & ne font pas communes.

116. Cinq Cammes, deux tricotées, panachées; deux petites *Cedo nulli*, & une chagrinée, à rayons rouges.

117. Trois *idem*, une *Cedo nulli*, & deux panachées de brun, fans ftries, mais de la forme des Ecritures Chinoifes, rares.

118. Six Cammes ovales, prefque toutes à ftries circulaires, dont trois à point-d'Hongrie, affez rares.

119. Six autres, prefque toutes polies, dont une à zônes brunes; une petite à zônes vertes fur un fond chamois, rare; une Camme de la Chine, rare, peinte dans l'intérieur de fes deux valves de deux petits fujets fembla-

bles : ces Coquilles servent à un Jeu
Chinois, qui consiste à mêler ensemble
plusieurs valves de ces Cammes, & à
deviner sur le champ les deux bivalves : & une verte nacrée, qui pour-
roit être une petite Moule ou Telline
fluviatile.

120. Six autres Cammes, dont deux
grises, panachées de brun à stries ; trois
idem polies, & une ronde à point-
d'Hongrie.

121. Dix autres à peu-près des mêmes
especes.

122. Six Cammes, deux Abricots d'especes différentes de celles de Saint
Domingue, une polie & l'autre striée.

123. Douze *idem* de différentes variétés, dont un point-d'Hongrie, &c.

124. Trente cinq petites Cammes, parmi lesquelles il s'en trouve de joliment panachées.

Quatrieme Genre ; les Cœurs.

125. Six Cœurs, dont le tricoté, le
Cœur de bœuf à zônes brunes, un
petit Cœur tuilé, & autres.

126. Six autres Cœurs, la plûpart épineux, dont un grand de forme ovale,

gris, panaché de brun tuilé.

127. Cinq Cœurs, dont un de bœuf à zônes brunes, une Fraize de Saint-Domingue, une espece de *Concha veneris vetulæ* de la même côte, &c.

128. Une grande Arche de Noé ; deux Cœurs blancs en arche de Noé, & un autre à canelures panachées.

129. Une autre Arche de Noé, une *Concha veneris* des Indes, dont les pointes sont médiocrement conservées ; la vraie *Concha veneris vetulæ* des Indes Orientales, très-rare ; le bec de Flûte & autres composant douze coquilles en tout.

130. Neuf Cœurs ; une grosse Fraize d'Amérique ; deux autres plus petites ; deux Cœurs triangulaires blancs ; un Cœur épineux à longues pointes, de Saint Domingue, gravé dans le Catalogue de M. Davila, &c.

131. Trois jolis Cœurs, celui de Vénus, un petit Chou vivement tacheté de pourpre, & une petite tuilée blanche.

132. Un Cœur de Vénus plus petit, & deux tuilées.

133. Un petit Cœur de Vénus, un petit Chou tacheté de pourpre, & une tuilée.

134. Un fort beau Chou , vivement tacheté de pourpre , & une petite tuilée.

Cinquieme Genre; les Moules.

135. Deux Moules de Magellan, une polie & l'autre avec ses ftries.

136. Une Moule d'Alger, d'un bel Orient , & une de Magellan avec ses ftries.

137. Deux Moules d'Alger , foncées en couleur.

138. Une jolie Moule d'Alger , une petite de Magellan , de couleur vive , & une de Papou.

139. Une grande Moule violette, & une verte de Marseille.

140. Trois jolies Moules couleur d'agathe , à zônes nuées de rouge & de bleu , dont une polie.

141. Une grande Moule violette, & une verte.

142. Une grande Moule verte de Marseille , & une moyenne , violette.

143. Une Moule blonde, dont l'intérieur est d'un bel orient ; deux de Papou, dont une n'est pas dépouillée; une verte de Marseille , & une petite violette,

144. Une *idem*, jaune, deux petites
violettes, & deux autres petites jau-
nâtres, une dépouillée, & l'autre
avec sa peau.

145. Quatre Moules, dont trois jaunes
polies jouant l'opale, deux panachées avec leurs épidermes, & une
commune dépouillée & rayée de violet & de blanc.

Sixieme Genre ; Tellines.

146. Six Tellines rayonnées de rose,
appellées à St. Domingue, *Soleils-le-*
vants dont quatre sont avec leurs
stries, & les autres polies.

147. Sept Soleils - levants, de diverses
grandeurs, polis & non polis, &
une petite Telline striée, citron.

148. Douze petites Tellines à zônes rouges, & une toute blanche.

149. Trois Tellines béantes, ou Pho-
lades bivalves, striées & rayonnées,
& une Moule arborisée.

Coquilles Terrestres.

150. Cinq Limas, un gros, blanc, avec
une grande tache brune du côté de la
bouche ; deux Lampes, deux jaunes

rayés de brun, & deux jolis Buccins
rubanés.

152. Onze Limas, dont une Lampe
brune rubanée, deux Buccins rubanés, &c.

E C H A N T I L L O N S

*D'Agathes, Jaspes, Cailloux,
Marbres, &c.*

153. Six Plaques d'Agathe d'Allemagne, taillées, propres à faire une boëte quarrée.

154. Dix Plaques d'Agathe & Jaspe,
de diverses formes régulieres, dont
une Agathe blonde d'Orient.

155. Six autres Agathes d'Allemagne,
ovales, quarrées & à pans coupés.

156. Huit différentes Agathes, Jaspes,
Cailloux & Albâtres; deux sont taillées en Cœur.

157. Neuf Plaques régulieres d'Agathe,
dont une grande Orientale, Jaspes,
Cailloux, &c.

158. Quatre jolis Cailloux d'Egypte,
dont un scié en deux sur son épaisseur
représente une Caverne, à travers
laquelle on voit une petite montagne

chargée d'arbriſſeaux. Pour former
ce petit tableau, il faut rapprocher
les deux parties à côté l'une de l'autre.
Dans ce même article eſt une petite
Cuvette chantournée, dont le fond
préſente un joli Payſage.

158. *bis*. Six Plaques d'Agathe blonde
veinée de blanc, taillées pour faire
une boëte quarrée long, ceintrée par
les deux bouts.

159. Quatre Plaques contournées, propres à monter en boëtes, d'un cail-
lou brun moucheté de blanc, & les
deux autres de Jaſpe ſanguin.

160. Trois jolis Cailloux d'Egypte,
bien arboriſés, taillés en deſſus de
boëtes; deux contournés, & un quarré.

161. Quatre Cailloux de couleurs agréables, contournés, propres à faire deux
tabatieres.

162. Deux belles Plaques d'Agathe d'O-
rient, une ovale & une quarrée.

163. Six belles Plaques d'Agathe d'Allemagne.

164. Un Pâté de dix-huit morceaux d'A-
gathe, Jaſpe, bois agatifié, &c.

165. Quatre Cuillers & une petite Cuvette de cornaline,

166. Six Plaques de Jaspe gris verdâtre, pour faire une boëte.

167. Trois morceaux de Lapis Lazuli, dont un taillé en ovale.

168. Seize petits morceaux d'Agathe, Cornalines, Cailloux d'Egypte, dont huit taillés pour faire des boutons de manches.

169. Soixante Echantillons d'Agathe, Jaspes, Bois agatifiés, &c. d'un pouce & demi quarré.

170. Une Suite de cent douze Echantillons de Marbres fins, antiques & d'Italie, de même grandeur que la Suite précédente, & qui peuvent s'y joindre.

171. Trente Echantillons d'Agathe & Jaspes, de deux pouces quarrés, & de quatre lignes d'épaiſſeur.

172. Une Suite de vingt-quatre Echantillons de Serpentines, tous variés de couleurs de deux pouces fur un pouce huit lignes.

173. Une autre Suite de différents Marbres, de deux pouces quarrés.

174. Douze autres Echantillons de Marbres & Albâtres d'Italie, de cinq pouces de long, fur un pouce & demi.

175. Vingt-fix morceaux de Marbre &

Albâtres, dont quelques-uns font étiquetés.

176. Deux Tableaux de pierres de Florence, incruftées fur des ardoifes, avec des bordures en compartiments de Jafpes ; l'un eft d'une pierre arborifée, & l'autre repréfente des ruines.

177. Trente-deux Echantillons de différents Bois ; la plûpart des Indes, étiquetés.

178. Plufieurs petits Bas-reliefs d'Ornements, moulés en plâtre.

Lu & Approuvé. A Paris, ce 25 Janvier 1774.

MARIN.

Vu l'Approbation , permis d'impri-mer, ce 27 Janvier 1774.

DE SARTINE.

Dans cette diftribution j'ai eu l'attention de mettre du beau à toutes les Vacations, en obfervant une gradation de beautés, qui augmenteront jufqu'à la fin de la vente.

Le Lundi 7. Mars 1774.
Eftampes & Deffeins.

N°s. 7. 13. 18. 39. 44. 55. 57. 61. 62. 71. Premiere Partie de 89. 92. 200. 202. 207. 223. 229. 231. 237. 244. 248. 251. 254. partie de 255. bis. 256. partie de 291. 295. 297. 302. 316. 317. 319. 326. partie de 339. 341. 342. partie de 343. 350.

Le Mardi 8. Mars.
Eftampes & Deffeins.

Les N°s. 8. 13. bis. 19. 29. 37. 40. 45. 49. bis. 51. 60. 66. 72. 84. partie de 89. 91. 111. 113. 123. 126. 137. 139. 147. 159. 161. 185. 186. 189. 191. 193. 200. 222. 232. 234. 239. 247. partie de 255. bis. 256. 257. 279. 296. 301. 321. 322. 336. 337. partie de 339. partie de 343. 350. 352.

Le Mercredi 9. Mars.
Eftampes & Deffeins.

Les N°s. 1. 9. 23. 35. 41. 52. 74. 75. 86. partie de 89. 95. 105. 118. 132. 136. 138. 143. 155. 156. 175. 178. 180. 196. 204. 206. 208. 220. 224. 226. 230. 235. 240. 246. 253. 258. 266. 269. 278. 288. partie de 291. 293. bis. 304. 311. 318. 320. 331. partie de 339. partie de 343. partie de 354.

Le Jeudi 10. Mars.
Eftampes & Deffeins.

Les N°s. 2. 12. 15. 20. 33. 34. 54. 59. 70.

73. 79. 94. 100. 106. 112. 120. 131. 135. 145.
146. 148. 156. 162. 165. 188. 190. 203. 212.
221. 236. 238. 243. 245. partie de 255. bis. 258.
259. 261. 270. partie de 291. 293. 303. 308.
309. 333. partie de 339. partie de 343. 348.
353. partie de 354. partie de 355.

Le Vendredi 11. *Mars.*
Eſtampes & Deſſeins.

Les N°s. 4. 10. 14. 21. 36. 43. 49. 50. 80.
81. 82. 83. partie de 89. 103. 114. 116. 125.
133. 134. 144. 150. 157. 166. 167. 181. 187.
195. 198. 209. 249. 250. 255. partie de 255. bis.
265. 268. 271. 272. 275. 300. 305. partie de
305. bis. 310. 313. 324. 332. partie de 339.
partie de 343. partie de 354. partie de 355.

Le Samedi 12. *Mars.*
Eſtampes & Deſſeins.

Les N°s. 6. 22. 24. 27. 32. 42. 63. 64. 65.
90. 99. 107. 110. 117. 121. 129. 147. 149.
151. 168. 169. 172. 173. 177. 194. 199. 201.
210. 216. 227. 228. 242. 260. 267. 274. 281.
284. 286. 289. 290. 294. 298. 306. 327. 329.
338. partie de 339. partie de 354. 358.

Le Lundi 14. *Mars.*
Eſtampes & Deſſeins.

Les N°s. 3. 16. 17. 30. 46. 53. 76. 77. 96.
101. 104. 108. 115. 119. 122. 152. 153. 158.
174. 179. 182. 183. 184. 205. 211. 213. 215.
217. 241. 252. reſtant de 255. bis. 276. 277.
282. 283. 287. partie de 291. 299. partie de
305. bis. 307. 325. 328. 330. 331. partie de 339.
340. partie de 343. 349. partie de 354.

Le Mardi 15. *Mars.*
Eſtampes & Deſſeins.

Les N°s. 5. 11. 25. 26. 28. 31. 38. 47. 48.
56. 58. 67. 69. 73. 85. 88. 93. 95. bis. 102.

124. 128. 133. *bis.* 154. 163. 170. 197. 217.
218. 219. 225. 233. 262. 263. 264. 273. 280.
285. reftant de 291. & 292. reftant de 305. *bis.*
312. 335. reftant de 339. reftant de 343. 351,
reftant de 354. 357.

Le *Mercredi* 16. *Mars.*
Tableaux, Bijoux, & autres objets de curiofité.
Les Nos. 344. 345. 346. 347. 348. 359. 360.
361. 362. 363. 364. 365. 366. partie de 367.

Le *Jeudi* 17. *Mars.*
Coquilles, Echantillons d'Agathes, Jafpes,
Cailloux, Marbres, &c.
Les Nos. 1. 6. 9. 11. 14. 16. 18. 21. 23. 26.
29. 30. 35. 39. 41. 43. 46. 48. 51. 54. 58. 60.
64. 66. 68. 71. 72. 76. 77. 80. 83. 87. 93. 94.
100. 104. 105. 109. 111. 113. 116. 118. 121.
124. 126. 127. 132. 142. 143. 145. 148. 152.
153. 155. 159. 164. 167. 168. 173. 175.

Le *Vendredi* 18. *Mars.*
Coquilles, &c.
Les Nos. 2. 7. 10. 12. 17. 19. 25. 27. 28.
31. 33. 38. 40. 44. 47. 49. 53. 55. 57. 62. 67.
69. 70. 73. 75. 81. 82. 86. 88. 90. 92. 96. 97.
98. partie de 101. 102. 106. 108. 110. 112.
117. 120. 122. 125. 128. 130. 131. 136. 139.
144. 147. 150. 156. 158. 158. *bis.* 161. 165.
171. 176. 177. 178.

Le *Samedi* 19. *Mars.*
Coquilles, &c.
Les Nos. 3. 4. 5. 8. 13. 15. 20. 22. 24. 32.
36. 37. 42. 45. 50. 52. 56. 59. 61. 63. 65. 74.
78. 79. 84. 85. 89. 91. 99. 101. 104. 107.
115. 119. 123. 129. 133. 134. 135. 137. 138.
140. 141. 146. 149. 154. 157. 160. 162. 165.
166. 169. 170. 172. 174. Livres de Conchiliologie 313. 314. 315. Coquillers 367.

www.ingramcontent.com/pod-product-compliance
Lightning Source LLC
LaVergne TN
LVHW050834200726
843507LV00001B/298